Heiteres

aus dem
Gemeindeleben
ernst genommen

Tobias Petzoldt

Heiteres aus dem Gemeindeleben ernst genommen

EVANGELISCHE VERLAGSANSTALT
Leipzig

Bibliographische Information der Deutschen Nationalbibliothek:
Die Deutsche Nationalbibliothek verzeichnet diese Publikation in der Deutschen Nationalbibliographie; detaillierte bibliographische Daten sind im Internet über http://dnb.de abrufbar.

3. Auflage 2024

Printed in Germany

Das Buch wurde auf alterungsbeständigem Papier gedruckt.

Gesamtgestaltung: Evangelische Verlagsanstalt GmbH, Leipzig
Titelillustration: Thomas Plassman
Autorenfoto: Thomas Gärtner
Druck und Binden: CPI books GmbH

ISBN 978-3-374-07060-2 // eISBN (PDF) 978-3-374-07061-9
eISBN (E-Pub/Mobi) 978-3-374-07062-6
www.eva-leipzig.de

Inhalt

Tobias Petzoldt ist Diakon, Religionspädagoge und Kleinkünstler. Neben seiner Tätigkeit als Geschäftsführer im „Verband Evangelischer Diakonen-, Diakoninnen- und Diakonatsgemeinschaften in Deutschland“ schreibt er geistliche Texte für Arbeitsmaterialien und Onlinemedien, ist als Kolumnist u. a. für die Sächsische Zeitung und MDR Sachsen/MDR Kultur aktiv sowie mit eigenen Bühnenprogrammen unterwegs.

1. Abkündigungen aus der gestalteten Gemeindemitte

Wir sind Christen

Wir haben immer gute Laune,
haben ein gutes Herz
und für alle ein gutes Wort.

Wir sind stets einer Meinung,
streiten uns nie
und haben uns ganz doll lieb.

Wir können über alles reden
und über alle auch,
solange die nicht da sind.

Wir schauen auf die Seele,
achten nicht auf Äußerlichkeiten
und sind auch ohne Schminke schön.

Wir trinken keinen Alkohol,
trinken viel Früchtetee
und vom Wasser des Lebens.

Wir haben ein Kreuz am Hals,
einen Fisch am Auto
und essen freitags Fisch.

Wir singen fromme Lieder,
hören ausschließlich Orgelmusik
und sofort auf, wenn es dich stört.

Denn ja, wir glauben schon.
Und finden das auch ganz gut so.
Doch was immer du über uns Christen denkst:

Eigentlich sind wir meistens
ganz normal.

Kirchliche Dienste

Es traf sich aber,
dass ein Pfarrer die Straße hinab zog,
den Kopf gefüllt mit allerlei Amtlichem.
Den Blick verantwortlich gerichtet
auf Grundsätzliches,
musste er weiter.

Desgleichen ging auch
ein Jugendreferent, die Sinne scharf
für Thema, Team und Tagesthesen.
Zwischen Meeting, Mentoring und Mission
war wenig Zeit
für Seitenblicke.

Ebenso kam
ein Kantor an die Stelle.
Angestellt zur Hälfte und verantwortlich
für 3 Gemeinden, 7 Orgeln und 12 Orte,
konnte er kaum Augen haben
für anderes.

Am Rande aber blieb links liegen der Nächste.
Er passte nicht in Amt, Struktur und Kalender.

Gemeindefest

Ich darf Sie recht herzlich begrüßen zu unserem kleinen Gemeindefest hier auf der Pfarrwiese. Mit selbstgebrachtem Humus und Fenchelfassbrause wollen wir gemeinsam fröhlich sein.

Wie jedes Jahr haben wir weder Kosten noch Mühen gehabt und alle eingeladen, die sich ins Gemeindeleben einbringen, in aller Vielfalt, von Pontius bis Pilates.
So hat der Tierschutzkreis „Faunafreunde" seinen Infotisch direkt neben dem Grill vom Schützenverein „Ruhig Blut" aufgestellt. Die anonymen Anti-Alkoholiker präsentieren ihren Kurzfilm „Jesus war ein Asket" gegenüber dem Gemeindefaschingsverein mit dem Slogan „Jesus war ein Feierfreund", der Bibelkreis „Allein das Wort" diskutiert mit dem Diakoniekreis „Allein die Tat" und in der Friedensinitiative „Aus.Gebomt" verkünden ehemalige Jugendliche „Selig sind die Friedensstifter" – und schauen dabei recht feindselig auf den Stand der Soldatenseelsorge, die meint: „Jesus war ein Kämpfer".

Die Frauenfilzformation „Filz*Läuse" verkauft allerhand Verfilztes für den Kindergarten, die Seniorenstrickmission „Fadenkreuz" sammelt mit dem Verkauf von Topflappen für Lappland und der Stillkreis „Klapperstorch" wirbt für das Lernen einer zweiten Fremdsprache bereits im Mutterleib.

Auf dem Podium rührt derweil das Kindermusical „Mose kriegt einen Korb" die Zuschauer zu Tränen. Bevor das große Finale folgt mit dem Auftritt aller Gemeindemusikkreise, und zwar gleichzeitig. Dabei untermalt der Posaunenchor eindrucksvoll den Anspruch, dass hier wirklich *jeder* mitmachen kann, der Flötenhalbkreis „Palmwedel" präsentiert sich als Duellduett Zweier, die flöten gehen, der Kantoreikantor hofft, dass der Herrscher des Himmels das Lallen erhören möge, während der Worship-Workshop „Lammlob" ein Lobpreislambada mit bunten Fahnen tanzt und wir als gemeindeeigene Band „Samenkorn" mit unserem Säuselsound zwischen Sakropop und Sakrotan eindrucksvoll beweisen, dass zwischen gut gedacht und gut gemacht mitunter erhebliche Schluchten schlummern.

Ganz am Ende spielen alle ein gemeinsames Lied und es ist ein bisschen schade, dass man vorher keinen Termin zum gemeinsamen Üben finden konnte.
Dafür spielen die Bläser umso lauter, die Geigencombo sieht dagegen schöner aus und in der Taizégruppe teilen sich vier Leute drei Akkorde.

Anschließend laden wir ganz herzlich ein: Zum Aufräumen, freuen uns über viele helfende Hände und danken schon jetzt dem Frauenkreis, Eine muss es ja machen, für ihre engagierte Arbeit.

Wir finden, es war eigentlich ganz schön.

Familiengottesdienst

Wir gehen in die Knie, wir malen eine Sonne, wir machen einen Hut. Wir drehen uns im Kreis, wir springen hoch und stampfen auf, dass die Kirchenbank kracht. Es ist laut, es ist bunt, es ist ein großes Durcheinander: Es ist Familiengottesdienst. Wir fassen uns an den Händen.

Die Kinder spielen mit Verkleidung, Pantomime und Handpuppe etwas vor, man kann es nicht hören, man kann es nicht sehen, man kann das nur ahnen. Die Kirche wird dabei zu einem Meer aus Handtelefonen und Kameras, denn jede Regung des kleinen Glückes wird mitgeschnitten, und zwar von allen. Derweil pfeift und fiept es aus den Lautsprechern, es kracht und kratzt, die Mikrofone sind konsequent – entweder viel zu leise oder richtig laut.
Die schiefe Leinwand, auf der eigentlich Bilder leuchten sollten, bleibt leider weiß, irgendwann erscheint der Hinweis: Systemfehler. Mit Flanell war eben nicht alles schlecht.

Es folgt die Verkündigung. Die Pfarrerin, mit Doppelnamen, wird dabei von Kleinstkindern umkrabbelt. Sie spricht betont langsam, laut, latent Kind gerecht. Den Kids aber ist's langweilig, den Alten zu belehrend, die Jugend ist bei Insta, nur die Eltern sind froh, mal 25 Minuten abschalten zu können. Unterbrochen vom Beitrag eines Vorschulkindes, das seine bislang erworbenen katechetischen Grundkompetenzen anwendet und nach jedem Satz konsequent „Amen" ruft. Wir fassen uns an den Händen.

Dann bekommen alle etwas mit was an die Predigt erinnern soll, es ist aus Papier und wird bei den meisten Kindern das nächste Lied nicht überleben. Es folgen die Fürbitten für alle

Not und Leidenden und die zur Not Leitenden, die Ab-Lesekompetenzen der Vorbeterinnen sind dabei unterschiedlich ausgeprägt. Dann sammeln wir das Dankopfer ein, es ist bestimmt für die Schaffung von Plüschtüren für Bedürftige und für die Pflanzung eines Traumzauberbaumes in Bullerbü.

Am Ende ziehen wir gemeinsam aus, und hätte Erwin der Heide von hinten an die Schultern gefasst, wäre vielleicht sogar noch Stimmung aufgekommen. So aber gehen wir artig und in Zweierreihe der Frau mit der Holzgitarre hinterher. Wir hören weder Ton noch Rhythmus, dafür singen wir umso lauter, und zwar jeder für sich:

Ein 80-stimmiger Lobpreis hebt sich empor zum Auge Gottes über dem Altar. Und wir können nur hoffen, dass der Allmächtige mit Blick auf unseren heutigen Gottesdienst gnädig ein Auge zudrückt.

Sakralmuseum Sakristei

In nahezu jeder Kirche gibt es ein einzigartig stilles Örtchen mit Tresor und Traustühlen, in der die Zeit stillsteht und die Seele zur Ruhe kommt, und das heißt Sakristei. In diesem gottesdienstlichen Backstagebereich mit vergilbten Bildern, verstaubten Büchern und verblühten Pflanzen künden mondäne Möbel und morsche Kniebänke von seligen Zeiten örtlicher Kirchengeschichte.
Zwischen einer kaputten Holzkrippe vom vorletzten Krippenspiel, halbvollen Abendmahlsweinflaschen, einer Kerzenstumpensammlung und einem Kruzifix mit schiefem Heiland dran, hängen Fotos von Jubel-, Goldenen und sonstigen Konfirmanden mit seltsamen Brillen und einer Mode, die gewiss einmal wiederkommen wird. Daneben finden sich Bilder der Ortsgeistlichen seit Einführung der Reformation, alle sind männlich, schwarz/weiß und gucken dermaßen würdig und recht, dass man glauben mag, wer glaubt, hat nichts zu lachen.

Unter einem Kalender vom vorletzten Jahr, dem Plakat mit der Jahreslosung von 1997 und einem blind gewordenen Spiegel findet sich schließlich in einer verklemmten Schublade eine Stiftedose mit der bleichen Aufschrift „Trinkfix". Dort haben Mengen nichtfunktionierender Kugel-, Filz- und Federschreiber ihre vorletzte Unruhe gefunden. Denn das besondere Phänomen von Gemeindestiften besteht nämlich darin, dass kaputte Exemplare niemals weggeworfen, sondern stets zurückgelegt werden, um den Nächsten Nutzer neu zur Verzweiflung zu bringen. Eine Demutsübung in Vergänglichkeit.

Je länger man sich in einer solchen Sakristei umsieht, umso größer wird das Verlangen, dass man hier mal gründlich renovieren und abtun sollte all den Müll der letzten Jahre, Jahrzehnte, Jahrhunderte. Und stattdessen ins rechte Licht zu setzen, was diese Kirche ausmacht, was sie prägt und worauf man sich dankbar besinnen kann.

Doch auch, wenn es uns immer mal wieder in den Fingern juckt: Wir werden uns hüten, hier auszumisten.
Es wäre dann möglich, dass sich diese Maßnahme auf die ganze Kirche ausdehnen könnte.
Und wenn man da einmal anfängt ...

Ehrenamt

Wissen Sie was?
Ich bin ein Ehrenmann.
Ich bin geehrt und das ist amtlich,
denn ich bin ehrenamtlich.

Ich bin gefragt worden.
Ob ich *mal mitmachen* kann.
Zur Ehre Gottes.

Kaffee kochen. Bänke putzen. Altar schmücken.
Und weil ich sowieso da bin, ob ich gleich die Lesung lese.
Und weil der Kantor krank ist, ob ich die Lieder begleite.
Und weil ich das so gut kann, ob ich beim Kindergottesdienst mitmache.

Und ob ich dann anschließend noch aufräumen,
die Glockenuhr für die neue Woche einstellen,
Kerzen, Lampen und Heizung ausmachen
und das Geschirr abwaschen könnte –
natürlich, es ist mir eine Ehre, ich habe den Kaffee
ja auch gekocht.

Den Kirchenschlüssel könne ich ja vielleicht auch
gleich mitnehmen, dann wissen alle wo der ist, wenn
nächste Woche mal jemand rein will.
Dabei bin ich gar nicht immer daheim:
Ich muss die Kirchennachrichten zustellen und
Geburtstagskarten verteilen, Bau- und Aufbauausschuss
und Posaunen- und Kirchenchor sind auch noch,
aber so viel Zeit muss sein, wir müssen das Ehrenamt
stärken, wir halten die Kirche mit Hoffnung in Ehren.

Letztens aber gab es Verwirrung.
Da kam ein hauptamtlicher Ehrenamtsverantwortlicher zu uns. Der hat nach dem Bau der Friedhofsmauer einen Stuhlkreis gemacht und uns gefragt, wie wir uns beim mörteln, mauern und malern denn so gefühlt hätten.
Für den Kinderkirchenhelferinnenkreis hatte er als Dank ein Bierfass mitgemacht, die Konfirmandenteamer bekamen eine Einladung zum Klassikkonzert und die helfenden Seniorinnen einen Gutschein für den Kletterwald.

Wir haben uns trotzdem gefreut.
Der Dank allein ist aller Ehren wert.
Ehre, wem Ehre gebührt, sage ich immer,
mir aber eigentlich nicht.
Denn *ich* brauche keine Ehrungen.
Bei uns heißt es: Nicht gemeckert ist genug gelobt.
Habe die Ehre.

Hauptamtlich

Und ob ich schon wanderte im finsteren Tal? Ja. Ich hab's nämlich wirklich nicht leicht. Gott prüft mich. Hiob gleich gehe ich gebückt, lechze nach frischem Wasser wie ein ausgebrannter Hirsch, wandelnd im finsteren Tal fürchte ich allerlei Unglück.
Denn ich arbeite in der Kirche. Hauptamtlich.

Dabei könnte die Arbeit wirklich schön sein. Wenn nur die Leute nicht wären. Immer will jemand etwas von mir: Ein gutes Wort, einen großen Rat, einen geistlichen Beistand. Dauernd kommen die Leute und stehen vor meiner Tür, sogar abends nach fünf oder morgens vor zehn. Neuerdings auch montags, wo es sich doch langsam herumgesprochen haben müsste, dass Montag der freie Tag ist für kirchliche Mitarbeiter. Immerhin arbeiten wir ja sogar sonntags von 9 bis 11. Da kann man ja wirklich mal einen Tag länger aushalten und warten mit dem Sterben.

Und überhaupt, früher war alles besser. Da hatte die Gemeinde nämlich noch Respekt vor Amt und Würde. Da wollte nicht immer irgendjemand irgendetwas diskutieren über Bibel und Bekenntnis, Lehre und Lebenswelt, Liturgie und Lieder. Da hat der Kantor einfach georgelt, was der Pfarrer gesagt hat und keiner hat gemeckert. Von wegen altmodisch, jahrhundertelang ging's ja auch. Im Konfirmandenunterricht wurde noch zugehört und am Ende gab's eine Prüfung vor der Gemeinde. Hat's einem geschadet?

Selbst im Bauausschuss hatte *ich* Recht und nicht der Architekt. Es heißt ja nicht umsonst Laiengremium. Schließlich bin ich ja für das Grundsätzliche verantwortlich. Da mag man sich nicht dauernd reinreden lassen von denen, die immer alles besser wissen wollen.

Sie merken also, ich trage in Recht und Würde eine große Bürde. Und doch muss ich mich dem Kampf stellen, der mir verordnet ist. Der altböse Feind lauert überall, denn überall lauern die Leute.

Darum bin ich jetzt wieder ein paar Tage weg zur geistlichen Einkehr, ich muss erst einmal neu zur Besinnung kommen. Die Predigt am Sonntag hält darum ersatzweise unsere Prädikantin. Es ist ein großer Schatz unserer Kirche, dass sie als Ärztin, Laie und Frau uns am heiligen Sonntag die Schrift auslegen darf. Auf ihre Art.

Für Sakramente und Sakrales bitte ich um Geduld. Ende nächster Woche habe ich von elf bis fünf vor zwölf wieder für Sie Zeit.

Kirchenvorstand

In jeder Gemeinde gibt es eine Versammlung der letzten deutschen Universalgelehrten, und die heißt Kirchenvorstand. Dort werden Beschlüsse über alles Mögliche gefasst, die andere Leute aber eigentlich nur dann interessieren, wenn denen etwas nicht passt.

So setzen wir auch heute Abend wieder unsere Amtsmiene auf, bemühen uns um eine etwas kompliziertere Aussprache und fassen uns möglichst nicht so kurz, denn keiner will ja bei wichtigen Entscheidungen zu kurz kommen oder gar den Kürzeren ziehen.
Wir beraten, bereden und beschließen innerhalb von einer Stunde die 100 000 Euro für die neue Retromechanik der Kirchturmuhr, eine neue pädagogische Grundkonzeption für unseren Rudolf-Steiner-Montessorikindergarten nach Freinet mit fröbelscher Prägung und pestalozzischem Einschlag, die Sanierung der viralen Rückstoßdynamikdruckventilheizungsanlage im Gemeindekeller und darüber, welche Kekse es beim Kirchencafé geben soll.

Zu letztem Punkt wird eine Aussprache beantragt, da wird es richtig emotional, da reden sich die Köpfe heiß, denn endlich können alle mitreden, weil alle mal wissen, worum es geht. Von den meisten anderen Sachen haben wir eigentlich keine Ahnung, der Pfarrer manchmal auch nicht, aber der hat von Amtswegen Recht. Wir nicken aber meistens, denken an was Schönes und beschließen einstimmig. Vor allem am Schluss, wenn alle heim wollen, weil in sechs Stunden der Wecker klingelt und uns die Diskutiererei inzwischen auf den Wecker geht.

Völlig überraschend kommen wir heute aber schnell durch die 23 Tagesordnungspunkte durch und wären fast schon vor Mitternacht fertig gewesen, wenn nicht noch Mechthild, Gotthold und Adelgund wichtige Punkte eingebracht hätten für Sonstiges. Also wird nochmal Kaffee gemacht, selbstverständlich fair gehandelt und unfair eingerührt, denn er ist wie immer viel zu dünn, was aber nicht weiter auffällt, denn in der Thermoskanne war vorher Früchtetee. Weil aber in der Teekanne vorher Kaffee war, hat alles denselben Beigeschmack, der ist ein wenig fad und schmeckt irgendwie nach Kirche.

Wir aber kennen das nicht anders, wir kennen uns aus, wir kennen uns gut, denn von den 1371 Gemeindegliedern sind wir zwölf die, die eigentlich immer kommen, vor allem, wenn Leute gebraucht werden. Denn wir bringen uns gern ein – für Gotteslohn, einen feuchten Händedruck und einen Blumenstrauß aus dem Pfarrgarten.

Wenn jemand fragt, wie's uns damit geht, heißt es meistens:
Ich kann nicht klagen.
Schade, eigentlich.

Tagungskultur

„Guten Tag, wir sind die Band für das Abendprogramm." Mit diesem erwartungsfrohen Satz treffen wir am Tagungshaus ein. Die kleine Gruppe neben dem Aschenbecher am Eingang reagiert mit eher mittlerer Begeisterung und einem unterschiedlich interessierten „Aha". Nachdem wir dreimal um und durch das Haus gelaufen sind, stellt sich heraus, dass für die Kultur niemand verantwortlich sein will, offenbar aus vorsichtiger Voraussicht. So suchen wir uns einen vermutlichen Raum, räumen den mit Technik voll und das Bandauto aus.

Die inzwischen angewachsene Gruppe am Eingang mit Batik am Hals und Birkenstock am Fuß unterstützt uns dabei mit vielen wichtigen Hinweisen, wie man was körperschonend zu tragen hat und dass wir bitte nirgendwo anecken sollen, man habe erst renoviert. Weil wir auch eine junge Frau in der Band haben, schauen in gebotenem Abstand ein paar ältere Männer bei uns vorbei und geben ihr viele hilfreiche Tipps beim Technikaufbau. Dafür ist sie sehr dankbar.

Nachdem die Boxen zum ersten Mal klingen, steht plötzlich eine Frau im Wickelrock vor uns und beschwert sich über den Krach. Das gibt uns die Möglichkeit, den Soundcheck einmal ohne Ton durchzuführen. Danach räumen wir noch den Publikumsbereich um, stellen die Tische weg, bauen Stuhlreihen auf und haben dann Hunger. Im Speisesaal aber ist das Essen seit fünf Minuten vorbei, wie uns die Küchenverantwortliche in einer Lautstärke zuruft, die die unserer Lautsprecher weit überragt. Und obwohl sie Berge mit Wurst, Käse und Brot wegschiebt und Kannen voller Kräuter- und Früchtetee wegkippt, gibt's für uns nichts. Wir waren schließlich zu spät.

Oben im Raum hat sich dann doch eine stattliche Gruppe zum Kulturkonsum eingefunden und jemand den Titel des Programms ans Flipchart geschrieben. Der erstaunt uns ein bisschen, den hätten wir gern vorher gewusst. Als Bandname steht nur mein Name drunter, der ist immerhin fast richtig geschrieben.

Weil uns keiner ankündigt, fangen wir einfach an und den Leuten scheint es zu gefallen. Zwischen Programmende und Zugabe keimt kurz in uns die Hoffnung, dass sich nach dem positiven Programmverlauf jetzt vielleicht doch noch jemand outet, sich überschwänglich bedankt und uns die obligatorische Kirchenfliese, die gestaltete Gemeindekerze oder den Regionalkalender vom letzten Jahr in die Hände drückt. Das bleibt aus, wir bauen ab und tragen alles wieder heraus, natürlich alleine. Die Menschen machen uns dabei den Weg frei und sagen, dass es gar nicht so schlecht gewesen sei. Danke, naja.

Bevor wir wegfahren, schauen wir uns auf der Suche nach einem Rechnungsempfänger noch den Tagungsplan an. Titel der Konferenz ist: „Hilfsbereit mit Achtsamkeit – Verantwortlich im kirchlichen Dienst“.

Gemeindeschaukasten

Liebe Kunstinteressierte,

heute beschäftigen wir uns mit einem besonderen Meisterstück zeitgenössischer Gegenwartskunst, welches den aufmerksamen Art-Genossen im öffentlichen Raum nahezu zeitlos fasziniert:
Der Gemeindeschaukasten.
70 mal 40, Papier auf Sperrholz, morsch.

Die Entstehungszeit unseres Kunstwerkes lässt sich schwer bestimmen. Der gebleichten Überschrift mit dem Gemeindenamen nach muss der Ursprung vor der drittletzten Strukturreform liegen. Diese Vermutung stützt auch der vergilbte Hintergrund mit Schattenrändern längst vergessener Fotos, der aufzeigt, dass die Ormig-Vervielfältigung bereits zur Anwendung kommen konnte.

Scheinbar wahllos bilden Formen und Farben Facetten jener grauen Phase der Sakralkunst ab, die dem Purismus des Evangelischen eigen ist. So präsentiert sich uns ein von Meisterhand arrangiertes Mosaik aus biblischen Sinnsprüchen, Ankündigungen und visuellen Rückblicken aus dem Gemeindeleben, die keine Scham scheuen wollen. Die Einladung zum Schulanfangsgottesdienst finden wir neben dem Gottesdienstplan vom Monat Mai und den Bildern vom Kinderkrippenspiel, die der Gemeindekopierer mit letzter Tonerkraft und dem geschickten Zusammenspiel einer eher bescheidenen Pixelzahl der interessierten Nachwelt gönnt.

Tagaktuelle Verlautbarungen sucht der hektische Betrachter unseres Kunstwerkes vergebens. Vielmehr ist der Schöpfer dessen ganz eins mit dem Großen Schöpfer, wenn sich Gegenwart, Vergangenheit und Zukunft zu einem grenzenlosen Ganzen vereinen. So lebt das Künstlerkollektiv konsequent eine klare Abgrenzung vor zur visuellen Effekthascherei der Präsentationsgesellschaft, die sich allzu oft verstrickt in ihrer Fragerei nach Zielgruppen, Kulturempfinden und Ästhetik. Mutig ruft uns deswegen das Gesamtkunstwerk Gemeindeschaukasten zwei klare Überzeugungen zu, nämlich: *Es guckt eh keiner hin.* Und: *Für Kirche reicht's.*

Doch am Ende, ganz zart, entdecken wir den Kontrapunkt, der sich in der gesamten Installation fast unmerklich versteckt hält; ja, wir spüren sogar einen leisen Widerspruch zu dem Meister, wegen dem der Kasten eigentlich steht: Denn anders als es Jesus sagt, kann die Stadt auf dem Berge durchaus verborgen bleiben. Man stellt einfach sein Licht unter den Scheffel.

Bibel in veganer Sprache

Kennen Sie eigentlich schon unsere neue Bibelübersetzung? Nein, nicht Luther 2017, auch keine Bibel für die Basis und schon gar nicht irgendeine Slangbibel, die sich für jugendlich hält. Ich meine die Bibel in veganer Sprache, inklusiv und gewaltfrei.

Dort opfert Abraham nicht seinen Sohn, sondern ein hausgemachtes Stück Tofu,
der Vater vom verlorenen Sohn serviert zum Wiedersehen kein gut gemästetes Kalb,
sondern ein Grünkerngratin mit Gemüse aus kontrolliert ökologischem Anbau,
das Manna in der Wüste gibt's als Vollwertvariante auf Dinkelbasis,
der Fischzug des Petrus ist ersatzlos gestrichen wegen Nichteinhaltung der Fangquoten,
bei der Speisung der 5000 ist der Fisch fleischfrei, das Brot glutenfrei und die Rede gewaltfrei, in leichter Sprache,
David beschießt Goliath solange mit politisch korrekten Argumenten, bis dieser in die Knie geht und David – klein – beigibt,
auch Jakob und Esau einigen sich gütlich und essen aus Mehrweggeschirr einen veganen Linseneintopf
und die ägyptischen Verfolger diskutieren so lange mit Mose mitten im Meer eine für alle Seiten akzeptable Konfliktlösungsstrategie,
bis sie gemeinsam um eine regenbogenfarbene Kälb*In ihren Namen tanzen.
Das Wasser wartet solange.

Aber auch Fehler haben wir bereinigt.
So schafft Gott die Menschen nicht nur als Mann und Frau, sondern genderforschungsgerecht in 58 verschiedenen Geschlechteridentitäten.
Beim letzten Abendmahl sitzen nicht mehr 13 bärtige Hipster herum,
sondern jetzt trägt eine Rastas, ein Anderer hat dunkle Hautfarbe, eine Weitere ist anders begabt und ein Vierter verhaltensoriginell.
Und schließlich fehlte bislang bei der Hochzeit zu Kana beim frischen Wein das Biosiegel,
da muss der Meister wohl noch mal ran.

So fangen wir also schon mal an mit dem Himmel auf Erden und üben uns im Verzicht, üben kann man ja immer.
Denn später im Himmelreich werden – und so steht's tatsächlich geschrieben – weder Schmerz sein noch Töten, weder Kampf noch Blutvergießen.
Also gibt's dort weder Blutwurst noch Rindsragout, weder Hirschhaxe noch Schweineschwanzsülze, weder Bock noch Wurst.

Also, liebe Fleischfresser und Blutsbrüder, ihr könnt Euch schon mal warm anziehen.
Am besten mit gut gehandelter Baumwolle von Lydia aus Philippi.

Vom Dienst

Wenn die Straßen schmal und schmaler werden,
wenn die Navigationsstimme voll Verzweiflung
BITTE WENDEN ruft,
wenn der Handyempfang rar wird und mir
an der Türschwelle eine Duftkreation
aus Früchtetee, Fußschweiß und altem Lappen
in den Kopf schlägt,
weiß ich: Ich bin da, ich bin im Dienst,
ich bin im Freizeitheim.

Der Heimleiter motzt, das Essen ist alt, ein Teilnehmer
kotzt und die Dusche ist kalt.
Der Hahn tropft, der Nachbar schnarcht, die Bässe dröhnen,
das Zimmer lässt sich nicht abschließen,
ist aber dermaßen familiengerecht,
dass ich mich am Morgen bereits vor mir selbst verneige
beim Blick in den Spiegel.

Weil ich Jugendwart bin, weil ich lustig bin,
weil ich nicht anders kann
begrüße ich die Freunde, Römer und Landsleute,
die Fans, Ventilatoren und Fensterbretter.
Ich frage nach Milch, ich frage nach Tee,
mir hört keiner zu, es tut gar nicht weh.
Kalte Milch, warme Milch, jeweils mit Laktose oder ohne,
Sojamilch, Hafermilch, Kamillentee, Schwarztee,
Früchtetee, Bahndamm letzte Ernte.
Wer mehr als zwei Tassen Kaffee will,
hebt noch einen Fuß, auch das ist lustig.

Haus und Koch haben ihre beste Zeit hinter sich
oder nie eine gehabt.
Das ist nicht schlimm, eine Woche geht das schon mal,
und dann wieder eine und dann noch eine.

Wir stellen uns vor, wir stellen uns nach,
wir stellen uns aufeinander ein.
Mein Lieblingsessen ist Spaghetti, meine Hobbys sind
Netflix, Gaming und TikTok-Tanzen.
Dann geht man schlafen bei Chips und Cola,
und dass man den Schnaps in eine Wasserflasche kippt,
ist total originell,
da hat mich die Konfirmandengruppe jetzt aber
wirklich veralbert.

Die Gruppe lärmt, die Sonne lacht, ich hab die ganze
Nacht gewacht.
Und habe weitergemacht
mit der Gruppe und ihren Prozessen,
mit der Bibel und ihrer Arbeit,
mit Regen, Regeln und erster Regel
und mit jeder Menge Spaß,
am besten und lustigsten auf meine Kosten.

Am Ende war es total schön.
Am Ende haben sich alle ganz doll lieb und
werden sich allesamt schreiben, skypen, sehen,
ganz bestimmt wollen wir uns alle melden,
ganz bestimmt schon nächste Woche.
Da bin *ich* aber dann nicht mehr daheim,
bin da wieder im Heim auf der nächsten Freizeit,
wo mir eine Duftkreation aus Früchtetee, Fußschweiß
und altem Lappen in den Kopf schlägt.

Jugendgottesdienst

Es ist Samstag, es ist gegen vier, es ist eine Kirche. Um sechs Uhr soll hier ein Jugendgottesdienst sein und ich soll predigen, das steht mit Comic Sans auf dem Plakat im Gemeindeschaukasten, jedenfalls so ungefähr, denn mein Name ist falsch geschrieben.

Nachdem ich ein bisschen alleine herumstehe, heulen plötzlich Motoren, knallen Türen, gibt es Geschrei – die Band ist da. Und weil ich eh nichts zu tun habe, helfe ich mit und wir wuchten hinein: Boxen und Bässe, Kabel und Kisten, Piano und Percussions, Marshalls und Monitore, Amps und Anzüge, DI-Boxen und ein DJ-Pult. Als wir alles drin haben, ist die Kirche im Grunde schon voll. Was aber nicht weiter schlimm ist, denn heute kämen ohnehin nicht viele, irgendetwas ist parallel los, es sei ja neuerdings immer so viel los, jammert der Pfarrer, der jetzt auch dabeisteht.

Der Schlagzeuger beginnt zu klopfen, der Gitarrist dreht das Volumen nach rechts, der Bass hält Einzug und ich halte mir die Ohren zu. Nachdem jeder seinen Sound checkt, sich am Krach aber nichts ändert, kommt jemand und meint, dass es in zehn Minuten losginge und die Anspielgruppe nochmal üben muss. Ich stehe noch immer im Rand, der Platz vorm Altar ist belegt, die Eingänge am Mischpult auch, ich könnte ja übers Backgroundmikro predigen.

Backstage, also in der Sakristei, stehen Kuchen und Brötchen bereit für die Musiker, wenn ich mag, darf ich mir aber auch was nehmen. Danke.

Gegen halb sieben geht es dann los. Es pfeift und knallt aus den Boxen, die beiden jugendlichen Techniker, Partizipation der Kernzielgruppe, rennen nach vorn, drehen da und ziehen dort und zeigen, dass sie auch da sind.

Vom Gesang versteht man kein Wort, was im Monitor wohl anders ist, denn der Sänger ist ganz Eins mit sich im Lichtkegel und Bühnennebel, wie er sich bewegt, wie er schreit und die Hände zum Himmel hebt, er singe ja nur für Jesus. Dafür post und postet er viel und wechselt einmal in der Woche sein Profilbild, vermutlich hat auch das Jesus ihm so gesagt.

Nachdem die geplanten fünfzehn Minuten Worship nach einer reichlichen halben Stunde vorbei sind und die meisten Lieder vom Songbeamer mit der Version der Band übereinstimmen, jedenfalls so ungefähr, bin ich dann dran. Irgendwann fällt das Mikro aus, es ist ein Funkmikrofon und die Batterie erwartungsgemäß leer. Ich rede einfach weiter, wer Ohren hat, der höre. Die Leute lachen und gucken freundlich, das ist schön.

Am Ende spielt die Band noch solange Zugaben bis die Kirche leer ist, denn weil sie mit geschlossenen Augen spielen und jeden Refrain 20 Mal wiederholen, merken sie nicht, dass die Jugendlichen inzwischen schon drüben im Gemeindehaus sind. Denn dort gibt es Essen, und das sei schließlich das Wichtigste.

Single am Sonntag

Erst Neun.
Ich bin zu früh.
Ich bin zu früh aufgewacht,
der Tag ist noch lang,
es ist ein Sonntag,
ich bin ein Single.

Wenn ich schnell mache, schaffe ich es noch in die Kirche, da wäre dann eine anderthalb Stunde geschafft, wenn Abendmahl ist, sonst nur eine. Doch da müsste ich jetzt los, gleich und sofort, sonst gucken wieder alle, weil die Tür so knarrt.

Besser sollte ich darum wohl in die freie Gemeinde gehen, die beginnt später und dauert dafür umso länger. Dort könnte ich mich lobpreisend in Ekstase hauchen, würde Gewaltiges von vergossenem Lammblut im Königreich erfahren und wenn ich die Augen schließe sogar das Achselfell meiner die Hände zum Himmel streckenden Vorderfrau übersehen. Falls das Gleichnis von den Jungfrauen kommt, würden wir zielgruppengerecht erfahren, dass quengeln nichts bringt und sich Beharrlichkeit am Ende auszahlt. Das erste wissen wir schon.

Oder ich könnte brunchen gehen und essen und essen und alles durcheinander, Lachsnudeln, Pfirsichmarmelade, Quark mit Schinken und Honig, ist ja alles bezahlt, gehört ja alles mit dazu. Dabei könnte ich mich hyperkaffeeaktiv ein bisschen hektisch um die Kinder meiner Freunde kümmern und hoffen, dass die noch ein Stündchen durchhalten ohne gar so laut zu heulen, denn sonst wird allzu schnell Mittag und nichts.

Oder ich könnte einen Ausflug machen mit mir, gewissermaßen einen Singlekurzurlaub. Dazu würde ich meinen Singlehaushalt verlassen, mir am Bahnhof ein Singlebrot kaufen, ein Singleticket buchen, mir ein paar Singles ins Ohr laden und eine kleine Singlereise erleben. Ich könnte mich auch selbst auf einer Singlebörse makeln oder mir aus meinen Frauenkontakten persönliche Singlecharts zusammenstellen und beim Singletreff darauf warten, dass jemand in meine Singlefalle tappt, um die Singlequote dieses Singlestadtteils zu entlasten.

Oder ich könnte nach Osten fliegen, weit und weiter, wo die Zeitverschiebung gut zu mir und es schon Sonntagabend ist.

Oder ich bleibe einfach liegen. Immerhin sind schon fünf Minuten vom Sonntag geschafft.

Im Kloster

Wir machen uns auf, wir machen uns auf den Weg,
wir gehen hin zu Kreuzweg und Kreuzgang,
das Gebäude ein Sakralmuseum unserer Vorstellung
von Einkehr und Abkehr, von Zehrung und Bekehrung,
von Menschen und Mönchen, von Nonnen und Nutzen.

Eine heilig heile Welt mit Zisternen und Zisterziensern,
voller Klosterfrauen und Melissengeister,
mit Kräutern, Kräuterschnaps und Gesundheit
aus Dinkel und Spitzwegerich.
Im Hintergrund sehen wir die Brüder,
wohlgenährt, rechtgläubig und milde in unserer
Vorstellung,
die schauen nicht so genau hin,
was so läuft auf und in der Welt,
ein bisschen so wie Gott im Himmel,
so wie er uns so passen könnte
mit grauem Bart und grauem Haar, ein grauer Star.

Und die Mönche sind immer ein bisschen zu dick
und haben immer einen Bierkrug zwischen ihren
Wurstfingern, genährt vom Klosterkalb.
Und wir kleben ihnen Etiketten an,
Franziskaner, Paulaner, Kapuziner, Benediktiner,
alles gut vermarktete Lizenzen von Brau und Brunnen,
wo ein Kloster ist, ist auch ein Bier,
Feierei in der Abtei, ein Proster im Kloster.

So sind wir dabei, in Konvent, Konvikt, Klausur,
um in uns zu gehen und zu schauen,
ob da noch jemand ist und
ob es lebt tief drinnen
und verfügbar sind Herz, Hut, Hirn.

Armut, Keuschheit und Gehorsam
sind alles nicht so unser Ding,
aber wir läuten am Kloster,
wir können es uns leisten,
wir leisten uns Einkehrwochen mit Fasten nach Buchinger,
Jing, Jang und Yoga für Balance und innere Wellness,
damit wir wieder stark werden und uns halten können
am Arbeits-Markt,
damit wir nicht leben müssen
in Armut und schon gar nicht in Keuschheit,
ein so lustiges Wort an sich, weiß und rein,
so märchenhaft, gehorsam, geheimnisvoll.

Gehorsam kommt von hören,
das haben wir lange nicht mehr gehört,
das ist ein bisschen unerhört, denn das geht leider nicht,
weil es bei uns meistens zu laut ist um zu hören
und wenn nicht, dann haben wir Kopfhörer drin
mit unserem eigenen Sound.

Und so besinnen wir uns der Besinnung
und so denken wir mal zurück
und so ist das Kloster ein Denkmal,
gepowert vom Tourismusverband,
ein Memorial für Arbeit und Beten,
beides machen wir gar nicht so gern
und Letzteres vor allem in Verzweiflung.

Also denken wir an ferne, gute und alte Zeiten,
wo die Leute das Unglaubliche geglaubt haben
und daran, dass es sich lohnt,
sich zurück zu ziehen,
sich zurück zu nehmen,
sich nicht so wichtig zu nehmen
und auch nicht, was einem zusteht,
sondern was zugedacht ist vom Höchsten,
dem es zu dienen gilt ein Leben lang,

verschlossen in der Zelle,
hinter Mauern, in aller Freiheit.
Denn der Schlüssel steckt innen.

In allem: Gott

Keine Kunst ist's, in sanierter
Klosterzelle mit Bad und auf Zeit,
umhüllt von Stille und Vollversorgung
(mit Speisen auch) zu schauen
Gott.

Mühsam dagegen ist es,
zwischen Zeiten und Pflichten,
Stimmen und Signaltönen,
in allem Alltäglichen
Gott zu begegnen.

Dort aber ist er,
mehr noch,
auch.

Am Anfang war das Wort

Am Anfang war das Wort.
Und Gott war das Wort und das Wort war bei Gott.
Und das Wort war göttlich und es war ein Machtwort,
denn das Wort machte, weil Gott sprach: Es werde.
Und – gesagt, getan – es wurde,
und siehe, es wurde sehr gut.

So wurden Licht und Schatten am ersten Tag,
ein Himmel auf Erden am zweiten Tag,
Mond und Sterne am dritten Tag,
Kraut und Rüben am vierten Tag,
Hund und Katz am fünften Tag,
Hinz und Kunz am sechsten Tag.

Und dann war Ruhe.
Und dann hielt Gott sein Wort,
denn das Wort war sein und das Wort war bei Gott
vielleicht auch ganz gut aufgehoben.
Jedenfalls, wenn man uns so hört,
wenn man uns so zuhört
was wir sagen, was wir zu sagen haben
und vor allem, wenn wir nichts zu sagen haben.

Denn nachdem Gott Ruhe hielt,
nachdem die Erde die Ruhe aushielt,
hielt sie nicht lang, denn bald kam der Mensch.
Und der Mensch kam zum Wort,
und der Mensch kam zu Wort,
über sich, das andere Geschlecht, Kinder und Krankheiten.
Und es wurde laut bei
lauter unterschiedlich lauteren Leuten.

Denn wir, geschaffen nach seinem Bilde,
nahmen Gott beim Wort und nahmen uns das Wort.
Und sprechen, sagen, äußern, plaudern, plappern, schwätzen,
legen dar, fügen hinzu, erzählen, formulieren
und entsetzen.

Solange, bis du dir die Ohren zuhältst, den Mund
und dich heraus.
Und dann gehst du in dich.
Und dann gehst du raus. Und du findest heraus,
dass man gelegentlich abschalten sollte
alles Reden, manches Hören, die Endgeräte,
denn man muss auch mal abschalten können.

Und dann findest du dich und die Kirche im Dorf,
findest die Mitte und dabei heraus,
dass in der Ruhe die Kraft liegt
des göttlichen Wortes.

Denn am Anfang war das Wort
und das Wort war bei Gott.
Lassen wir ihm das Letzte.

Abkündigungen

Liebe Gemeinde, es folgen die Abkündigungen.
Abkündigungen kündigen in evangelischen Gottesdiensten an, was in der kommenden Woche in der Gemeinde Spannendes abgehen wird.
Warum das aber nicht ANKÜNDIGUNGEN heißt,
bleibt ein Geheimnis des Glaubens.
Im Katholischen sagt man übrigens VERMELDUNGEN,
und das klingt auch nicht viel besser.

Der Gemeinde ist also Folgendes bekannt zu geben:

Der Kleinkindkreis „Krabbelkäfer" findet am Montag wieder um zehn auf dem Verkehrszeichenteppich neben der Sakristei statt, die Kirche müsste vom Sonntag noch warm sein.
Der Frauenkreis „Unter Uns" trifft sich am Dienstag sieben Uhr im Raum Lila,
der „Eine Welt Kreis" kommt zur gewohnten Zeit
am Pfandautomat zusammen.
Der Posaunenchor „Auf Brass" sucht am Mittwoch wieder MitspielerInnen. Er beginnt um 19:30 im Gemeindesaal.
Parallel findet im Kleinen Saal der Meditationskreis „Balanceakt" statt, wir bitten um gegenseitige Rücksichtnahme.
Der Inklusionskreis „Dreifalt in Vielfalt" trifft sich
am Donnerstag zum „Mandalamalen mit Musik",
Stifte bitte selbst mitbringen.
Das Kochkollektiv „Krisenherd" kocht am Freitag wieder sein eigenes Süppchen in der Gemeindeküche.
Am Samstag kommt um 19:00 Uhr der Männergesprächskreis „Wortkarg" zusammen. Diesmal mit dem Thema

„Die Kraft des Schweigens“, zu Gast ist Diakon Schreier. Der nächste Gottesdienst des Kirchspiels findet am Sonntag um 8:15 Uhr in der Kreisstadt statt. Die Fußgruppe trifft sich halb sechs bei uns am Pfarrhaus.

Zwei Dinge will ich Ihnen noch anempfehlen:
Als besonderen Leckerbissen wird uns in der kommenden Woche Pfarrer i. R. Sperling unter dem Thema „So singt's und klingt's im Wald“ Dias von einheimischen Singvögeln zeigen. Und wenn gesagt wird, dass in einer Kirche jemand Dias zeigt, heißt das, dass dort tatsächlich jemand *Dias* zeigt. Die Älteren werden sich an dieses Medium erinnern, da ist alles und immer im Rahmen.

Eine Ab-Kündigung aber gibt es tatsächlich:
Der angekündigte Gesundheitsabend mit Geistheiler Stephan Schmitz-Schulze unter dem Titel „Schnupfenvorsorge durch Quantenpodologie“ muss leider entfallen. Herr Schmidt-Schulze ist erkältet.

Versicherung

Das geht nicht wegen der Versicherung.

Wenn Sie diesen Satz in einer Gemeindeversammlung hören, wissen Sie Bescheid, und sie wissen vor allem, dass es nicht geht, wegen der Versicherung. Was das genau heißt, weiß so genau eigentlich niemand, vermutlich auch nicht die Versicherung, aber wegen der geht es ja ohnehin nicht. Sollte die Versicherungslage aber klar sein, wird es trotzdem nicht gehen. Wegen Datenschutz, Urheberrecht oder ganz allgemein aus rechtlichen Gründen.

Fragen Sie dann bitte nie kritisch nach. Sonst schließt sich eine Debatte an, bei der sich am Ende der durchsetzt, der die Bedenken trägt. Denn: Das haben wir schon versucht, das gab es noch nie, das kann gar nicht gehen. Denn dass es geht, geht nicht, da könnte ja jeder kommen und weitergehen.

Und so tragen wir Hobbyjuristen und Freitzeitversicherungsfachleute unsere Bedenken vor uns her und drängen alle anderen an den Rand. Aber, keine Angst, einen freien Fall kann es auch für sie nicht geben, aus versicherungstechnischen Gründen. Seien sie versichert.

2.
Vermeldungen von dieser Welt

Wir finden uns selbst

Wir gehen auf den Jakobsweg,
wir gehen ins Kloster,
wir gehen oft zu weit,
WIR FINDEN UNS SELBST.

Wir meditieren bei Minimalmusik,
machen einen BauchBeineBeckenPo-Gesamtkörperkurs
und stellen unsere Familie in einem Feldenkrais auf,
WIR FINDEN UNS SELBST.

Wir machen Tai Chi und Chi Gong,
atmen im Seelenhaus mit Obertongesang
und trinken dabei informiertes Wasser,
WIR FINDEN UNS SELBST.

Wir erleben spirituelle Rücken-
und Rückführungen und reinigen uns
energetisch auf basischer Basis,
WIR FINDEN UNS SELBST.

Wir verzehren am Ganges Veganes,
entspannen nach Jakobsen und nach dem Essen
in einer Aromatherapie,
WIR FINDEN UNS SELBST.

Wir tanzen mit Tüchern,
wir schweigen und fasten,
wir treiben Sport und uns an Grenzen,
WIR FINDEN UNS SELBST.

Wir ziehen gemeinsam am Seil
wir tanzen im Mondschein und nackt,
machen die Schlange, den Löwen, den Hund
WIR FINDEN UNS SELBST.

Und wir finden in uns hinein,
und wir finden uns gut,
und wir finden so viel,

so viel kann ein Mensch gar nicht verloren haben.

Wir müssen reden

Machen Sie es wie ich,
und reden Sie.
Reden Sie einfach drauflos,
reden Sie über alle, alles und jede,
reden Sie über Ihre Nachbarn, über die Verwandtschaft
und über Gebühr,
reden Sie um den heißen Brei, sich den Mund fusselig
und aus dem Nähkästchen;
reden Sie sich heraus, reden Sie andere herein.

Lassen Sie nie mit sich reden,
aber reden Sie immer zuerst,
reden Sie unaufhörlich,
und lassen Sie niemals jemand ausreden.

Reden Sie, wenn alle schweigen,
reden Sie mit, wenn alle reden,
reden Sie lauter und länger,
wenn Sie von etwas keine Ahnung haben,
aber haben Sie immer gut reden.

Reden Sie über sich,
reden Sie über Ihre Stärken
und diskret über Ihre Ängste,
lassen Sie raus, was Sie einengt,
öffnen Sie sich ein stückweit,
senden Sie Ich-Botschaften und Kurzmitteilungen,
aber werden Sie nicht zu persönlich.

Reden Sie sich schön,
reden Sie sich in Rage,
reden Sie in Grund und Boden,
über Gott und die Welt,
reden Sie in Anglizismen, Graecismen und Latino
reden Sie in Jamben, Trochäen und Alexandrinern
und reden Sie in jedem Fall laut und lustig.
Denn Reden ist Silber,
das ist doch auch schon mal etwas
und besser als nichts.

Also kommen Sie und reden Sie.
Kommen Sie lange nicht zur Sache,
kommen Sie niemals zum Schluss,
aber haben Sie immer das letzte Wort.

Neulich im Bioladen

„Anna-Sophie, du liegst dort wirklich ungünstig!“ Anna-Sophie weiß das, aber es ist ihr egal und eigentlich auch ganz recht, deshalb liegt sie ja am Eingang direkt hinter der Tür. Und zwar so, dass jede ein- und austretende Wollsocke darübersteigen muss, sie gewissermaßen übergehen, und dies ist ganz und gar nicht im Sinn von Anna-Sophies Mutter, die ihre Tochter das Violinespielen lehrt.

„Anna-Sophie, steh jetzt bitte auf und komme bitte zu mir!“ Anna-Sophie steht nicht auf und geht nirgendwo hin. Jedenfalls nicht, solange sie nicht den Bioland-Schokoriegel mit fair gehandeltem Kakao und Milch von glücklichen Kühen in den Händen hält, den sie dem Vernehmen nach aber gestern schon hatte und der so schlecht ist für ihre Zähne. Anna-Sophie bleibt einfach liegen und beißt ein bisschen in den Teppich.

„Anna-Sophie, schau, die anderen Kinder liegen auch nicht auf dem kalten Boden!“ Anna-Sophie schaut nicht. Was interessiert es sie auch, wie Georg-Friedrich ziemlich unmotiviert eine Milchflasche aus dem Regal wirft, wie Maria-Magdalena ihre Hände in einer Cremedose vergräbt und wie an meinem linken Ohr eine blankbleiche Brust vorbeischnellt, denn Torben-Matthies hat Hunger.

Wir alle treffen uns fast täglich in dieser Oase des gesunden Geschmacks, die frei ist von chemischen Zusatzstoffen und gesellschaftlichen Unterschichten. Es ist zwar etwas teurer, dafür ist man unter sich und tut dabei lauter gute Werke: An den Bauern, am kleinteiligen Einzelhandel, am eigenen Fleisch und Blut. Seit neuestem gibt es in unserem

Bioladen sogar eine Kosmetikabteilung, die zweimal in der Woche Make-up-Tipps für interessierte Kundinnen anbietet, vermutlich völlig zu Recht.

Anna-Sophie aber ist das alles egal, nicht müde werdend und kreischend liegt sie am Eingang, heult und erinnert mich dabei ein wenig an Sidney und Stanley neulich bei Netto in der Plattenbausiedlung, die gegen ihr Geschrei erst eine geknallt und dann einen Snickers bekamen.

Anna-Sophie aber erhält viel Geduld, Zuwendung, ausführliche Erklärungen und am Ende eine Banane, klein, teuer und unreif, genau wie ihre Mutter. Den Schokoriegel aber bekommt Anna-Sophie nicht, da liegt sie falsch. Und dort am Eingang noch immer sehr ungünstig.

Neulich im Spielzeugladen

Finn-Ole kann nicht. Das jedenfalls sagt der vermutliche Vater, den Finn-Ole Heiner nennt, zu seiner Lebens- oder Leidensgefährtin, die Mama genannt wird, und zwar von beiden.

Finn-Ole und seine zumindest vom Alter her erwachsenen Begleiter kommen direkt von der familienzentrierten Fabelino-Babymassage für die Finn-Ole eigentlich zu alt ist, Mama und Heiner aber von dort immer so viel positive Energien mitnehmen, und das tut schließlich allen gut.

Hier im Kinderspielladen „Riesenklein und klitzegroß" aber ist Finn-Ole die Kernzielgruppe in einem Paradies aus Nachhaltigkeit, pädagogischer Werthaftigkeit und gepfefferten Preisen. Alles aus Holz, aus Skandinavien und fairem Handel. Für die ersten Schritte ins Leben gibt es das passende Schuhwerk, die naturnahe Mutter findet Kleider aus Sackleinen, die aus nicht ganz ersichtlichen Gründen unter Frauen*mode* zu finden sind und vor allem gibt es pädagogisch wertvolles Frühförderspielzeug, unbehandelt, ungeimpft und umfassend getestet, so wie die Kinder.

Neben Greta, Hinrich und Anne-Sophie, die übrigens groß geworden ist (an den Kindern merkt man, wie die Zeit vergeht), stehen auch Florian und Fine vor einer komischen Puppe aus Stroh und Leinen. Ihre Mutter hat sich hierher verlaufen und ist ein bisschen verwundert, weil's für die Kinder im Einkaufszentrum viel mehr Elektrisches gäbe. Das sagt sie auch laut und empfängt dafür von den anderen Übermüttern ein Lächeln, das eine Mischung ist aus Mitleid, Erkenntnis und Abscheu, oft verwechselt mit Toleranz.

Finn-Ole kann nicht, er kann mir aber ein bisschen leidtun wie er da so steht zwischen Waldorfpapa und Montessorimama, die in einem postnatalen Übergangsritus zunächst ihr Kind und dann ihren Verstand abgenabelt hat. Seitdem hormonisiert sie sich durch ihr Mutterglück und hat sich noch nicht ganz entschieden, ob sie weiterhin mit Shiatsu im Mondlicht ihr Energiesystem euphorisiert oder sich doch der Gruppe für Meditation, Massage und Muskelgesundung öffnet, die sich jeden Mittwoch trifft im Einklang e.V.

Nehmen wir es lieber eine Nummer größer, sagt Heiner unterdessen zur Verkäuferin. Eine Nummer größer ist so eine Sache, die man von Heiner sonst so gar nicht sagen kann. Ansonsten gibt es zu Heiner wenig zu sagen, und damit ist eigentlich auch alles gesagt.

Finn-Ole hingegen kann noch immer nicht, dafür aber kann Heiner ihn jetzt mal. Das jedenfalls sagt er laut und vernehmbar vor allen Leuten, bevor er endlich kann und Pippi macht – direkt neben Pippi Langstrumpf.

Während zusammenzuckt der Heiner und mit Lappen und Eimer wischt wie sonst keiner, lächelt Mama verlegen und ein bisschen stolz in die Runde. Was Finn-Ole doch alles schon kann.

Dating

Ich habe mich auf einer Dating-Plattform angemeldet.

So ein Satz klingt in unseren Tagen zu gleichen Teilen nach Verzweiflung, Zeitgeist, Abenteuer und ein bisschen auch nach Geheimnis. Denn obwohl kaum einer zugibt, im Internet nach Partnern zu suchen, sind ja Millionen Menschen auf entsprechenden Seiten angemeldet. Alles Fake-Accounts, wahrscheinlich.

Irgendwas muss aber dran sein, irgendjemand muss also drin sein. Ich nun zum Beispiel, ich bin Tobi33, man schummelt ja immer ein bisschen beim Alter. Schließlich wirken ältere Männer attraktiver.

So gebe ich also alle möglichen dollen Daten zum daten an: Mein Beruf ist gottgleich (Diakon), mein Verdienst ist gehaltvoll (na ja), und ich spiele, ja ich singe in einer Band, die ist grandios, die ist ganz kurz vorm Durchbruch, wir spielen in richtig angesagten Locations, zum Beispiel in der Dorfkirche hier.

Auf die Profilfrage, wonach ich suche, erinnere ich mich an meinen letzten Autokauf. Da konnte man nämlich auch Schritt für Schritt alles nach eigenen Wünschen konfigurieren: Felgenfarbe, Pferdestärke, Lenkradsitz, Fußmatte, Aschebecher. Am Ende war alles eine Frage des Preises.

Hier ist das so ähnlich, hier geht es um Haarfarbe, Hobbys und Hochschulabschluss, man filtert und guckt, was so da ist, was man will, was man sich leisten kann. Dann bietet man sich im Tausch an und dabei muss die Präsentation stimmen. Denn man will ja als Premiumprodukt erscheinen und nicht auf dem Wühltisch heruntergesetzt warten, um schnell und billig genommen zu werden.

Darum sucht man ein Bild, wo man guckt wie da alle eben gucken, als wäre die Wirklichkeit ein Photoshop und das Leben wild, vintage und weichgezeichnet.

Als ich mich dann mit Einer treffe, tatsächlich und im echten Leben, wird das für alle Beteiligten, also uns beide, ein großer Irrtum. Denn die Filter funktionieren nicht in der Wirklichkeit.

Fitness

Wir sind wach, wir sind fit, wir sind das immer.
Wir schlucken Proteine, Vakzine und Koffeine:
Wir machen Fitness.

Wir stehen früher auf als die träge Masse,
wir sind die ersten im Park, auf der Bahn, auf dem Band,
der frühe Vogel fängt
sich selbst im Trainingsprogramm.
Mit Schrittzähler und Funktionssocke funktionieren
wir gut im Hamsterrad der Bewegung,
wir treten an just for fun
und um zu gewinnen,
denn wir sind immer im Kampf.

Wir keuchen und schwitzen und stinken
an gegen Alter, Waage und Schmerzen
im Knie.
Der innere Schweinehund ist besiegt,
denn Schwein essen wir schon lange nicht mehr
und der Hund japst früher als wir nach Luft,
auch das ist ein Erfolg.

Dabei sein ist nicht alles, Dabeisein mit allen ist Pflicht,
beim Stadtlauf, beim Marathon, bei der Team-Challenge.
Die Prozession der Hechelnden jagt durch die Straßen,
alle laufen nach biblischem Bild auf der Rennbahn,
aber nur einer erhält den Siegerkranz,
so jedenfalls sagt es Paulus, nicht der General,
und trotzdem bleibt ein Triumpf des Willens.

Alles für den Leib, die Figur und die Kardiopunkte,
der Körper ist definiert und das Steak filetiert,
low carb, low fat und niemals low budget,
der Körper darf gern etwas kosten
und wir dürfen nicht so viel Süßkram kosten.
Wir bauen die Muskeln auf und kriegen unser Fett weg,
dafür sorgt der Personality Coach im Fitnesscenter,
der das nächste Bisschen uns verbietet und das Letzte
aus uns herausholt.

Zwischen Morgenlauf und Mittagstief,
Afterwork-Training und Abend-Walk-Out
schlägt das Herz im Takt der Fitnessuhr.
Mit GPS und Nahrungsapp teilen wir
Wege, Walking und Gewicht mit der Welt,
54 Leuten gefällt das und sieben sagen WOW,
der Fitnessplan für den nächsten Monat steht
öffentlich im Netz, sieht weitere Steigerungen vor
und wir sagen aus alter Tradition tatsächlich:

Sport frei.

Powerpoint

So seien Sie sehr freundlich gegrüßt zu unserer
Bildungsveranstaltung,
und damit Sie sich darunter auch visuell etwas vorstellen
können haben wir,
Sie werden es sich gedacht haben, eine kleine Power-
pointpräsentation vorbereitet.
Jetzt müssten Sie eigentlich ... hier vorn ... etwas sehen ...
wie Sie sehen ... sehen Sie nichts.

Dann aber, nach einer langen Weile peinlicher
Tagungsstille,
dämmert es Ihnen allmählich, im Hintergrund
das erste Bild,
und Sie sehen es leuchten in blaublassen Pixelbuchstaben:
PANASONIC. KEIN SIGNAL.

Dabei ging es vorhin noch
und im Grunde müsst' er doch,
EPSON, ACER, JVC
SANYO, SIEMENS geht SONY.

Das ist der Punkt, an dem zehn Herren
zugleich aufspringen,
sich mit tausend guten Tipps um den Rechner
versammeln und auf die Tastatur einhämmern,
als wäre die Faust ein Keil.
Und eigentlich müsst' es doch funktionieren,
und warum nimmt der das nicht,
und bei mir geht das so immer,
und vielleicht liegt's am Adapter?

Oder einfach nur daran, dass das Kabel fehlt,
wie die Praktikantin aus der hinteren Reihe emotionslos feststellt.

Nach weiteren bangen Minuten, an dem der Referent
vor allem vor Schweiß glänzt,
zeigt sich endlich ein bunter Desktop auf der Leinwand.
Der gibt Einblick in sämtliche offene Projekte,
informiert das gespannte Publikum über aktuelle
Mahnverfahren mit dem Vermieter und täuscht ein
kreatives Chaos vor, dabei ist's gar kein Mac und man
fühlt sich trotzdem veräppelt.
Dahinter sehen Sie wahlweise ein unscharfes Kinderbild
am heimischen Küchentisch
oder ein Foto von einer Frau am Pool, die hingegen
ist ziemlich scharf.

Und dann klappt's tatsächlich:
Dann startet die Bildschirmpräsentation,
dann kullern bauchige Buchstaben über die Leinwand,
schieben sich grellbunte Folien übereinander,
nebeneinander und aneinander vorbei
und lenken einigermaßen erheblich von der zeitgleich
rauschenden Rede ab.

Leider hatte einer der zehn Testosteron-Nerds im Eifer
des Präsentationsgefechts die Folien in den Zufalls-
modus geschaltet und so applaudiert das Publikum zur
Verzweiflung des Referenten bereits nach der vierten
Kraftpunktfolie mit dem Titel:
Zum Beenden der Bildschirmpräsentation bitte
ENTER drücken.
Vielen Dank für Ihre Aufmerksamkeit.

Wissenschaftler haben festgestellt

Das heißt nichts, klingt gut und auf jeden Fall schlau, denn Wissenschaftler haben ja etwas festgestellt, und das ist wichtig, bedeutsam und lässt keinen Zweifel zu.

Jedenfalls solange andere Wissenschaftler nichts anderes festgestellt haben, im besten üblichen Fall das Gegenteil, denn so ist und bleibt man im Gespräch, am Markt und im Fokus, im SPIEGEL, in der ZEIT oder wenigstens bei XING.

Zu jeder Kraft wirkt eine gleich große Gegenkraft, Wissenschaftler haben das festgestellt, und zu jeder Studie offenbart sich eine Gegenstudie. Sonderforschungsprojekte beforschen so ziemlich alles, untersuchen Dinge, die niemand wissen will und lösen Probleme, die es vorher nicht gab – Hauptsache das Thema ist besonders, klingt abstrakt und es kann sich niemand etwas darunter vorstellen.

Darum wird untersucht, was das dumme Zeug hält, Nullhypothese, Null Peilung, Null Bock, Hauptsache man hat ein Thema und Projektmittel für das nächste halbe Jahr. So ist das Semester gesichert und der Lehrstuhl kein Leer-Stuhl. Denn so einfach ist es ja nicht, Arbeit zu finden mit einem Abschluss in romanistischer Sozialforschung mit den Nebenfächern Cineologischer Archäophilologie und Ethnologischer Kunstgeschichte. Magister und Master, Diplom und Promotion, Prae Doc und Post Doc, Habil und Hartz IV. Dazwischen trifft man sich auf Konferenzen, füllt sich den Kalender, den Kopf und die Taschen mit allerlei Visitenkarten, *Oh interessant, und lass uns vernetzen, und lass uns was machen, und lass mich in Ruhe.*

Das alles und immer auf Englisch, das ist Standard, das ist schlau, das muss so sein. Auch wenn die Tagung eine germanistische ist und ausschließlich deutschsprachige Teilnehmer sich ihren Teil nehmen und denken. Dabei achten wir penibel darauf, uns immer alle gegenseitig zu zitieren, das zeigt Wertschätzung und heuchelt Interesse, evidente Inzucht, empirisch korrekt und ebenda signifikant.

Wissenschaftler haben festgestellt, dass Menschen alles glauben, wenn man behauptet, Wissenschaftler hätten es festgestellt. Ob Wissenschaft dabei auch Wissen schafft, könnten Wissenschaftler eigentlich auch mal feststellen.

Der Bauarbeiter

Siebenundfünfzig, achtundfünfzig, neunundfünfzig –
endlich sieben Uhr.
Es schlägt der Hammer, es kreischt die Säge,
es rammt der Amboss,
es macht zisch, das erste Bier.

Ist der Bauarbeiter wach, sollen auch die
umliegenden Langschläfer endlich aufstehen.
Denn dann ist in aller Frühe alles zu spät,
vor allem alle Ruhe.
Alte Steine knallen durchs Fallrohr,
Stahlcontainer schleifen über Beton,
Eisenteile schlagen auf Eisen,
Kipper kippen Kies,
Zement rauscht aus dem Mischer,
das Radio rauscht Geräusche
und zisch, das zweite Bier.

Erst wird angegraben,
dann wird gebaggert
und schließlich genagelt,
geflext,
getackert,
gebohrt,
gesägt,
gedübelt,
geschraubt,
gehämmert,
gehobelt,
geschliffen,
einer Frau hinterher gepfiffen
und zisch, das dritte Bier.

Mittagspause.
Ein slawisches Sprachgewirr beim Fleischer an der Ecke,
Bratwurst mit Senf,
Bockwurst mit Ketchup,
Bulette mit Majo,
jeweils für jeden
und blobb, das vierte Bier.

Siebenundfünfzig, achtundfünfzig, neunundfünfzig,
sechzehn Uhr.
Feierabend.
Es fällt der Hammer
mir genau auf den Kopf.
Endlich Ruhe.

Der Gitarrenhändler

In seinem Laden dreht sich alles um den großen Durchbruch. Er ist kurz danach, seine Kunden sind kurz davor, das glauben alle, dieser Glaube lässt alle leben und davon lebt er, der Gitarrenhändler. Nur so kann er ertragen, wie in seinem Laden Gitarre um Gitarre durch schwitzig-pubertierende Hände gleitet, wie seine besten Stücke mit Kennerblick und Rockerohr begutachtet werden und wie fachmännisch damit gepost wird von Leuten, deren Musik – schwör ich dir, Alter – in keine Schublade passt.

Wenn er gute Laune hat zeigt er, was man aus Fender und Strato herausholen kann, wie laut der Marshall wirklich geht und weshalb eine Telecaster ein Irrtum der Musikindustrie gewesen sei. Doch gute Laune hat er fast nie, Sex, Drugs und Rock'n Roll werfen ihre Schatten unter die Augen und ansonsten wenig ab. Sex war früher, seine Droge heißt Marlboro und Rock'n Roll findet für ihn vor allem samstags statt, wenn er mit seiner Coverband einen Gig hat und eine Mucke spielt. Danach gleitet er zurück in sein Alltagsgeschäft und verkauft Nylonsaiten für die Holzgitarre.

Sein Kollege in der Tastenabteilung trägt unterdessen einen Anzug, ein billiges After Shave und zuckt unregelmäßig mit der Nase. Das kommt vom Rümpfen: Zwanzig Flohwalzer und ebenso viel Pour Elise pro Stunde bleiben nicht spurenlos am ehemals absoluten Gehör hängen. Seine Aufgabe ist es, den Omas talentfreier Enkel Klaviere unterzuschieben und interessierten Erwachsenen hochwertige E-Pianos vorzustellen, die sie dann billig im Internet bestellen.

Manchmal, nach Dienstschluss, treffen sich Gitarrenhändler und Klavierverkäufer.

Dann denken sie in aller Ruhe über ihren Freitod nach.

Ihr letzter Wille: Eine Beerdigung ohne Musik.

Kunst können

Ja, ich will.
Ich will dabei sein, ich will am Start sein,
bitte, schaut mich an, schaut mir nach, schaut zu mir auf.

Ich habe nichts zu sagen, das aber laut,
ich habe nichts beizutragen und das vehement,
ich habe nichts zu bieten, was bietet ihr dafür?
Ich bin ein Star, holt mich hier rein, hol mich der Teufel
auf die Bühne.

Denn ich bin unheimlich gut.
Denn ich bin unheimlich gut gemacht.
Ich singe, Sopran und sonor,
ich wirke, Alt und nie älter,
ich steppe, Bass und besser,
ich tanze, Tenor und im Tenor.
Ich male im Wolfspelz ein Schaf,
ich pointiere, poetryre, schlemme und slamme,
ich filme finnische Filme,
ich schmiede Kupfer, Kurven und Kufen zu Kunst,
ich installiere mich zu einer Installation,
ich miete mir einen Briefkasten auf dem Prenzlauer Berg,
ich mache eine Vernissage,
ich zeige meine Visage auf einer Finissage.

Ich will dabei sein, ich will berühmt sein,
ich will ein Star sein, ein Sternchen wenigstens,
von mir aus auch eine Sternschnuppe.
Schnuppe, ob sie gleich verglüht,
Hauptsache, ich habe geleuchtet
und ihr habt es gesehen.

Popkonzert

Wir sind da, wir sind dabei, wir sind mittendrin beim Konzert von der Band, die, Sie wissen schon, letztes Jahr diesen Hit hatte, die laufen ja dauernd im Radio.

Es wird großartig werden.
Es wird großartig werden müssen, immerhin sind wir weit gefahren und haben viel dafür bezahlt zuzüglich 10 Euro Vorverkaufszuschlag, 10 Euro Parkgebühr, 5 Euro pro Bier und 20 Euro Becherpfand. Im Grunde ist das aber ganz gut so, da trinkt man nicht so viel, da muss man sich dann später nicht so oft zum Klo drängeln und als Frau nicht zwanzig Minuten anstehen.

In froher Erwartung stehen wir dicht beieinander, spätestens bei der dritten Vorband haben sich noch tausend Leute bis zu uns durchgekämpft und bleiben wie selbstverständlich stehen, und zwar direkt auf meinem Fuß. Irgendwann geht das Licht aus und das Konzert endlich und tatsächlich los. Wir kreischen, wir springen, der ganze Laden rockt und die Tribüne auch. Die Bühne sehen wir, falls wir groß genug sind, vor allem über's Display, und wenn wir nicht das eigene Handy hochhalten, dann sind uns andere im Blickfeld, alles für's Netz, dabei sein ist alles.

Auf Anweisung von ganz oben schwenken wir die Hände wahlweise nach rechts oder links, klatschen sie zusammen oder schlagen, je nach Musikstil, mit der flachen Hand auf die Luft vor uns ein. Wir gehen in die Hocke, springen wieder auf, hüpfen auf 40 Quadratzentimetern Stehplatz auf und ab und haben dabei fremdes Fetthaar im Gesicht, Krach im Ohr und einen Ellenbogen im Kreuz. Frauen stehen dabei übrigens immer vor dem Mann, der von hinten links leicht über sie drüber schaut und sich – sie unterschiedlich taktvoll bewegend – mit beiden Händen in ihre Hüfte krallt.

Hier klappt es noch mit der Diktatur, das Band am Arm ist die Kennkarte, das Bandshirt die gemeinsame Uniform, einer befiehlt, wir folgen, wollt ihr den totalen Spaß, die Arena ist einziger Sportpalast. Was ja auch stimmt, denn sonst finden hier vor allem Ballsportarten statt. Das erklärt auch den Krach der Akustik und das sich überlagernde Echo.

Der Schluss kommt dann wie immer viel zu schnell, unsere Lieblingslieder kamen nicht vor, wir brüllen Zugabe, Flughafen oder einfach irgendetwas, und nach viel zu langer Zeit kommt die Band nochmal vor, völlig überrascht, dass wir noch was hören wollen.

Nachdem das Bühnenlicht aus und das neongrelle Saallicht anschießt, teilen wir online unsere Bilder und allen mit, was sie alles verpasst haben.

Kultur

Wir sind hier die Kultur. So jedenfalls steht es auf der Einladung, so stehen wir als Bald einigermaßen dumm herum unter bunten Girlanden im Vereinsheim und hören auf die Klänge der DJs Uwe und Mirko von „Disko 2000". Das Buffet ist offensichtlich schon länger eröffnet, denn der Lachs ist alle, die Garnitur abgefressen und die Wurstplatte ein großes Durcheinander. Die süßsaure Sellersiesuppe schlägt Blasen über der Gasflamme, die Soße verdunstet zwischen Fleischrudimenten und der Käse rollt sich rückwirkend wieder zu einem großen Rad zusammen, indem beide Scheibenseiten jeweils bedrohlich nach oben neigen. Nur der Mettigel hält beharrlich seine Stellung und trotzt trotz eingebüßter Salzstangenstacheln dem fortgeschrittenen Abend.

Kaum haben wir ein Stück getrocknetes Brot belegt, werden wir auch schon auf die Bühne gebeten, also auf die fünf freien Quadratmeter zwischen Küche und Klo. Beim ersten Lied schauen die Leute interessiert, beim zweiten irritiert und beim dritten weg, wir werden ignoriert. Als wir unser letztes Lied ankündigen, gibt es zum ersten Mal Applaus. Und kaum ist unsere poetisch anspruchsvolle, musikalisch durchkomponierte und instrumental ausgefeilte Ballade zu Ende, dreht sich die Diskokugel, drehen DJ 2000 und die Paare auf und sich um ihre eigene Achse. Denn endlich gibt's hier richtig Kultur und so flieg, flieg, flieg ich wie kein Sieger durch die Welt, hole völlig losgelöst von der Erde das Lasso raus und strecke die Hände zum Himmel, gehöre zu dir wie mein Name an der Tür, zwar war ich noch niemals in New York, aber komm, wir fahren nach Amsterdam oder gehen wahlweise zuhause, weil das ist so ein schöner Tag und Bitterfeld ist nur einmal im Jahr, denn Hej, das geht ab, wir feiern atemlos durch die Nacht, denn eine Straße, viele Bäume, das ist eine Allee und ich hab noch ein Bier im Keller, drum geh mal Bier holen, dabei hast du mich tausendmal betrogen, warum hast du nicht nein gesagt zu Jonny Depp, Depp, Depp, Bella Ciao, unter einem Stern, der deinen Namen trägt, hab' ich eine Zwiebel auf dem Kopf, ich bin ein Döner, das alles geschieht an Tagen wie diesen, ein Skandal im Sperrbezirk zwischen einem Bett im Kornfeld, dem goldenen Reiter und der Luftaufsichtsbaracke, weil Live ist schließlich Live, wir feiern das Bruttosozialprodukt, ja ja ja jetzt, und darum, Schatzi, schenk' mir ein Foto von Cordula Grün oder von der, die immer lacht, zum Beispiel Sweet Caroline oder die Mutter von Nikki Lauda, obwohl Tränen lügen nicht, drum Give me hope, Joanna, das Luder, ist geboren, um Liebe zu geben, während ich höchstwahrscheinlich nicht mal weiß, was Attitüde heißt und warum sie nur noch Schuhe anhatte, und das alles ist Wahnsinn, Hölle, Sondermüll, die Fliege war nicht dumm, sie machte summ summ summ, Und diese Biene, die ich meine, die heißt Maja.

Mirko und Uwe heizen ein bei Geburtstagen, Silberhochzeiten und Polterabenden und wir poltern mit, immer auf eins und drei, inzwischen haben wir promillemäßig aufgeholt. Dazwischen gibt es Pausen, es wird gedichtet auf das Geburtstagskind: Zu Leben sei ein großer Keim, drum mache man sich einen Reim auf Jubilar und Tag und Herz, wir wünschen alle alles Gute, das ist kein Scherz. Im Ohr der Schmerz.
Wir sind zwischenFall. Wir sind hier die Kultur. Wir sind ein großes Missverständnis.

Gegen die Masse

Ich habe es getan.
Ich habe mich getraut.
Ich habe mich gegen den Strom gestellt,
die ausgetretenen Pfade verlassen
und einen der letzten Wege des Widerstandes gewählt:
Ich bin IKEA entgegen der Pfeilrichtung rundgegangen.

Das war Punk, das war alternativ, das war ich. Ich entdeckte die Möglichkeiten, ich lebte schon. Ich habe zuerst meinen Hotdog gegessen, danach mir in der Fundgrube einen Stuhl mit drei Beinen und eine durchgelegene Vorführmatratze auf den Wagen geklemmt, bin durch das Regallabyrinth der SB-Abteilung geirrt und ihnen frontal begegnet: Den lärmenden Vätern und stillenden Müttern, den verzückten Freundinnen und nachsichtigen Freunden.

Ich stand dem Kauflauf der Poser, Prüfer und Probierer einen Augenblick lang im Weg, ich war ihnen ein Anstoß und habe es gesehen, das Leuchten in den Augen und die Fragezeichen im Angesicht der Aufbauanleitung.

Ich bin angegangen, angelaufen, angerannt gegen furnierweiße Lebensaufbewahrungssysteme, und bin eins geworden mit der Masse aus Individualisten, deren Matratzen und Mitbewohner in etwa dieselben Namen tragen, die gern mal dreißig Kilometer fahren, um einen Bleistift zu klauen und die wie ich auch nur mal kurz eine Lampe holen wollten und nun zufrieden ihren Samstag hier verbringen. Menschen, die alle zusammen nur das Eine wollen: Einen ganz persönlichen Stil.

Weil das hier alle so machen, habe ich mir zum Einkauf eine Partnerin besorgt (es hätte problemlos auch ein Partner sein können), und gemeinsam glücklich besteigen wir Betten, berechnen Beleuchtungen und planen in fröhlicher Erwartung Kinderzimmer, ach guck mal, wie süß, zwischen Knut und Klappar. Dann trinken wir unseren Family-Card-Gratis-Kaffee zu Mandeltarta und erleben schließlich im dressierten Bewusstsein, wonach es kein richtiges Leben im falschen gibt, dass unser Ausgang der Eingang ist in eine Heimat aus Faktum, Flört und Fantasie.

Ich habe es getan.
Ich habe mich getraut.
Ich bin gegen die Masse gelaufen
und mir dabei permanent selbst begegnet.

Besorgte Bürger

Ich bin ein besorgter Bürger.
Ich besorge mir die Informationen,
die uns ansonsten verschwiegen werden
von den Altparteien und Systemmedien,
die mir lange schon gegen die Hutschnur gehen
vom Aluhut.
Von wegen Kondensstreifen am Himmel!
Die da oben können mir nichts mehr weismachen.

Was aber noch keiner weiß, liebe Volksfreunde,
wurde mir erst kürzlich offenbar.
Die wirkliche Macht, die uns beherrscht, geht nämlich
nicht von Volksverrätern oder Lügenpresse aus.
Die wirkliche Macht kommt aus Schweden und heißt PAX
oder POÄNG, BILLY oder MALM und verspricht echtes
Leben in deinem Zuhause.

Doch der Katalog log.
Denn der Weg hin zum fertigen Schrank bindet Kräfte,
macht mürbe, bricht unseren Willen, und genau das
wollen die so! Weil, wer sich mit dem Aufbau einer
IKEA-Küche beschäftigt, ist beschäftigt.
Ob FAKTUM oder METOD, das hilflose Schrauben
hat faktisch Methode. Dann ist man nämlich weg von
der Straße und weg vom Fenster, also von Windows,
und kommt nicht auf dumme Gedanken. Da bleibt
nämlich keine Zeit mehr für die Recherche alternativer
Medien und das Aufdecken geheimer Machenschaften
durch die Youtube-Akademie.

Klar, am Anfang geht er meistens ganz gut los, der Möbelaufbau. Da wiegen sie uns in trügerischer Erfolgssicherheit, dann ist man schon fast fertig und merkt plötzlich, dass man die Schranktür am Boden angeschraubt hat, dass die Schublade zu breit ist für den Schrank und die Spüle zu schmal für das eben gesägte Loch in der Arbeitsplatte. Dann werden der falsch angeschlossene Backofen zum Krisenherd, die Spülmaschine ein Fall für die Haftpflichtversicherung und die unter uns wohnenden Nachbarn und wir keine Freunde mehr.

Und wenn wir dann endlich fertig und völlig am Ende sind, übernimmt der Kundendienst der Stadtwerke die Aufgabe uns zu beschäftigen: Der nächste freie Mitarbeiter ist für uns reserviert, die voraussichtliche Wartezeit beträgt 90 Minuten. Danach bringt uns der Ticketautomat am Bus zum Resignieren, die Buchung einer Bahnfahrt oder die Tarifwahl der Telekom.

Und dann haben sie uns klein, die da oben.
Bis wir winseln, nach Gnade flehen und dankbar weiter funktionieren in einem Land, in dem wir gut und gerne leben. Sorgenfrei.

Ich aber bin ein besorgter Bürger.
Ich trage Zorn, Wut und Hass in mir, auf gut neudeutsch also Besorgnis.
Denn ich bin das Volk.
Und das wird man doch wohl noch sagen dürfen.

Ich bin alt geworden

Ich mag Streuselkuchen mehr als Muffins,
gehe nicht vegan, sondern wandern
und mein Fitnessbereich ist draußen.

Auf Unverträglichkeiten reagiere ich intolerant,
Selfiestäbe finde ich peinlich
und Tattoos grundsätzlich hässlich.

Bier trinke ich ohne Zitrone, Grapefruit, apricot,
am Eisstand wähle ich Vanille statt Gurke-Guarana
und mitunter esse ich Fleisch.

Manchmal kaufe ich mir eine Zeitung,
schreibe mit Stift auf echtes Papier
und achte so gut es geht auf rechte Schreibung.

Bei Bedarf nutze ich Medikamente,
bin skeptisch gegenüber mancherlei Heilern
und sogar geimpft.

Gelegentlich gehe ich in die Kirche,
würde mein Kind taufen lassen und zu guter Letzt
soll es ein Friedhof sein, kein Wald, kein See.

Wenn ich dann alt bin.

Alter

Das ist das Ungünstige am Ältersein:

Dass so viel schon bekannt ist:
Der Weg, die Aussicht und wo
das Bier gut schmeckt,

dass man meint zu wissen
über Orte, Dinge und wie
der Hase läuft.

Da ist so viel Gewohntes,
daran will ich mich gar nicht gewöhnen.

Streit

Wir haben vergessen, was das ist:
Streit.
Wir streiten nicht mehr.
Wir hassen gleich oder
gehen weiter und über
zum nächsten Thema,
weil uns das meiste ohnehin
gleich gültig scheint.

Nur manchmal regen wir uns auf.
Dann streiten wir nicht,
dann schreien wir gleich
und sprechen nicht drüber
außer Anderen das Recht ab
auf eine andere Meinung.

Wie es aber ist
zu reden und zu hören,
zu prüfen und zu denken,
haben wir vergessen.

Wortgefechte

Wir befeuern Debatten,
stehen Gewehr bei Fuß und sorgen für Zündstoff,
bis die Bombe platzt.

Wir bewaffnen uns mit Informationen,
blasen zum Sturm und reiten Attacken,
bis Köpfe rollen.

Wir kämpfen in vorderster Front,
fahren Geschütze auf und haben den Gegner im Visier,
bis wir ins Schwarze treffen.

Wir sagen den Kampf an,
schießen vor den Bug, aus der Hüfte und übers Ziel,
bis wir den Schuss nicht mehr hören.

Wir nutzen schlagkräftige Argumente,
verschanzen uns in Grabenkämpfen und riechen Lunte,
bis wir unser Pulver verschossen haben.

Wir gehen auf die Barrikaden,
stehen auf verlorenem Posten und unseren Mann,
bis wir außer Gefecht sind.

Wir erklären den Krieg:
Ein Krieg der Waffen, ein Krieg der Welten,
ein Krieg der Worte.

Bis uns das Messer in der Tasche aufgeht
und wir im Kreuzfeuer der Kritik Amok laufen
und ein Attentat vorhaben auf
Kampf-Ansagen, Schlag-Worte, Stich-Punkte.

Frieden sei mit uns.

Völkerschlacht in Leipzig

Bei dieser Überschrift denken ältere Leipziger zunächst an ein Fußballspiel zwischen Lok und Chemie. Doch weit gefehlt, denn jährlich im Herbst wird am Stadtrand traditionell und ehrenamtlich der Ernstfall geprobt und die Völkerschlacht gegen Napoleon von 1813 nachgestellt.
Dabei strapaziert man bei Lagerfeuerromantik die Geschichte, tritt gegeneinander an mit Bajonett und Säbel, mit weißer Uniform und weißer Weste und unser Heimatsender – die schönsten Schlager, die besten Oldies – ist live dabei. Voll Vorfreude sitzen wir dann auf unserem Tribünenplatz in sicherer Distanz und jeglicher Entfernung und haben wenig Ahnung von der Geschichte, aber alles im Blick:

So schauen wir erwachsenen Leuten beim Völkerschlachten zu, der Volkstod wird zum Volksfest, unterstützt vom Stadtmarketing. Es marschieren die Truppen, es knallen die Kanonen, es fallen die Menschen, es ist ein Gemetzel, es ist viel Geschrei, es ist eine Lust, Fassbier bei Blutverlust. Denn direkt neben dem Schützengraben rauscht das Schützenfest mit Gulaschkanone und Schwein am Spieß, ein Schlachtfest mit Karussell und Kinderschminken; Schnaps und Syphilis, Tofu und Typhus, Langos und Lazarettfieber – jeder, wie er's mag.

Mir persönlich aber geht das alles nicht weit genug. Warum eigentlich nicht einmal einen Atomkrieg nachstellen, so richtig mit Blitz und Bombe, mit Radio und Aktivität, mit Atom- und Fußpilz, verbrannte Erde, verbrannte Körper, verseuchtes Terrain? Oder wie wäre es mit einer Neuauflage im Kampf um den Endsieg? Mit Mann und Maus und Volkssturm für Kinder verteidigen wir jede Straße, jede

Ecke, jedes Haus, wer nicht alles gibt, gibt nichts oder wenigstens sein Leben. Und wer weiß, wie der Zweite Weltkrieg dann ausgeht, denn wir sind schließlich Leipzig, das bessere Berlin.

Denn das Leben ist kein Ponyhof, aber immerhin ein Geländespiel, Völkerschlacht in Leipzig gibt Presse, gibt Debatten, gibt Kritik.
Leipzig kommt
in allen Nachrichten, was will man mehr in der Heldenstadt.
So macht man's wie oft in L. E., man macht Geschichte und deutet sie sich zurecht und nennt das alles: Die Leipziger Freiheit.

Kriegsspuren

Kriege hinterlassen Spuren:
Löcher in Häusern, im Boden,
im Stammbaum.

Kriege hinterlassen Spuren:
Narben auf der Haut, im Herz,
in der Heimat.

Kriege hinterlassen Spuren:
eingefurcht im Gesicht, im Gemüt,
im Lebenslauf mit Fehlstellen.

Kriege hinterlassen Spuren.
Schwarze Löcher.
Manche kann man sehen.

Die Wetterlage

Eben noch klar und trocken, mit einem
freundlichen Mix aus Wolken und Sonne,
schlägt aus heiterem Himmel das Wetter um,
endet eine längere Schönwetterperiode.

Das Klima wird rauer, transatlantische Tiefausläufer
bringen polare Luftmassen aus Nordamerika,
über Europa liegt Tiefdruck mit Sturmböen
und Deutschland wird beherrscht von einer Kaltfront.

Die Großwetterlage bleibt dabei wechselhaft,
es besteht eine Warnung vor Extremlagen,
wir jagen keinen Hund vor dir Tür, aber
alle und alles, wer und was nicht passt.

Saukälte bei Affenhitze, Blitz- und Donnerwetter,
neblig-trüb die Sinne, bedeckte Augen,
anhaltender Frost bei starker Bewölkung
und Herzenskälte um den Gefrierpunkt,

während das Radio gut Wetter macht und
mit Hochdruck wenig Niederschlag meldet;
wolkenlos, heiter und sonnig,
für jede Jahreszeit zu mild.

Wir melden uns nicht, denn wir sind
für diese Jahreszahl zu lau,
verhalten uns überwiegend klima-neutral
und sind so wie das Wetter:

Unbeständig.

Grenzerfahrung

Es gibt Grenzen.
Wir schieben Frust, wir schieben ab,
wir schieben hin und her: Die Menschen,
die über Grenzen gebracht werden,
übers Wasser oder um die Ecke.

Da trifft Land auf Luft und Wasser auf Seenot.
Da muss doch mal jemand eine Grenze ziehen!
Eine natürliche, eine deutliche, eine Grenze
der Vernunft!

Wir wollen aber keine, die über Grenzen gehen,
Grenzen verletzen und am Ende noch uns.
Wir wollen die Grenzen sichern,
damit wir in Sicherheit sind, damit nichts passiert,
wenn Grenzen passiert werden.

Darum ziehen wir Grenzen,
darum setzen wir Grenzen
und grenzen uns ab
von den anderen, immer.
Denn es sind immer die anderen,
die die Grenzen des Erlaubten überschreiten:
Im Alltag, im Netz, im Büro.

Beim Wachen sind wir wachsam, beim Wachsen
nicht so.
Da lassen wir die Bäume gern in den Himmel wachsen,
da wachsen wir über uns hinaus.
Da geht es höher, schneller, weiter,
da geht noch was.

Da geht es um Konjunktur, um Wohlstand,
um Arbeitsplätze, darum geht es uns eigentlich immer.

Da sind uns keine Grenzen gesetzt.
Da müssen wir die, die uns an Grenzen bringen,
an ihre Grenzen erinnern.
Da begrenzen wir uns besser selber
in unseren Grenzerfahrungen.

Alles hat schließlich seine Grenze.

Ein einfacher Mann

Ich will mich anpassen, ich will dazu gehören,
ich will ein Teil sein von irgendetwas,
will meinen Teil tragen und beitragen,
es wird ein kleiner Teil sein,
nur nicht auffallen, nur nicht fallen.
Darum passe ich mich an,
damit ich endlich passe
in diese Welt und zu Euch.

Also formiere ich mich, also informiere ich mich
und reformiere mich als Teilchen der Masse,
immer bunt und glücklich,
interessiert und überall dabei,
im Leben und im Netz
mit passendem Filter,
mir gefällt alles.

Im Zweifel werden die sich schon etwas dabei gedacht
haben, denke ich mir immer, und tue das sonst immer
weniger: Mir etwas denken.
Was kümmert mich mein Geschwätz von gestern,
die Nachrichten von heute und die Meldung von morgen.
Für mich muss es nichts Neues geben,
ich bin froh, wenn alles so bleibt,
ich mache, was ich kann, ich bin ein einfacher Mann.

Es wird schon stimmen, was sie im Fernsehen sagen:
Deutschland ist schön, und wir sind es ja auch,
solange das Licht gut ist und die Luft rein.

Dann schaut selbst die Polizei nachts nach dem und
den Rechten, vergnügen sich die Männer im Baumarkt
und die Damen in den Nagel-, Sonnen- und Fernseh-
studios, wie es Anne will.

Doch was geht's mich an, was die machen,
die da drüben, die da oben, die da unten,
ich bin zu Hause und auch dort ein guter Kunde,
denn ich kaufe grundsätzlich alles.

Bei Abstimmungen hebe ich bei allem die Hand,
beim Bezahlen sage ich immer „stimmt so"
und meine Gitarre stimme ich schon lange nicht mehr.

Mit mir dagegen stimmt alles.
Ich stelle meinen eigenen Kopf
zum allgemeinen Gebrauch zur Verfügung.
Wenn es sein muss auch auf eins und drei.

Wahlversprecher

Haben sie schon gewählt?

Ein fettiges Eisbein, eine neue Nummer
oder doch wieder das kleinere Übel?

Es ist Wahltag,
es ist Zahltag,
es gibt viel heimzuzahlen.
Vielleicht aus Überzeugung,
vielleicht aus Mitleid,
vielleicht aus Versehen,
meine Stimme für die Urne.
Dort gibt sie dann Ruhe,
da ruht sie dann sanft.

Um 18:00 wird es ernst
und manchen auch bange,
Prozente, Prognosen, Profilneurosen.
Aus den Urnen kriechen die Geister,
die ich nicht rief, das kleinere Übel
streitet sich mit dem größeren,
wer denn wohl übler sei,
man hört viel Übles in der Rede,
so dass es mir übel wird,
doch umschalten geht nicht:
Es ist die Qual der Wahl auf allen Kanälen.

Schön gerechnete Hochrechnungen,
schlecht gemachte Machtansprüche,
das Wahlgeschenk ist ein Wahlgeheimnis,
bis die Wählerwanderung ins Wählerlokal einsetzt
zur Wahlanalyse von Stammtischparolen
bei einem alkoholischen Getränk ihrer Wahl.

Haben Sie schon gewählt?
Oder haben Sie noch einen Wunsch?

Dichterlesung

Es ist Abend,
es ist eine Lesung,
es ist alles bedächtig bedeutend
und alle sind sehr klug.

Die Leute tragen große Brillen
und die Verleger dicke Bäuche und Bücher
und ein Glas Wasser herein.
Die Luft ist schwer
wie der Inhalt.

Eine schöne Lesung:
Ein Paradoxon von Ellipsen
bis alliteratorisch analen Anaphern.

Ein zwischen Archaismen, Anglizismen und Asthma
agierender Autor liest tausendachthundert
Gedichte, Gedanken, Gehüstel,
er liest und liest,
wird still und stiller,
zieht dann andere Seiten auf und hervor,
liest weiter mit Punkt und viel Komma,
liest in Phantasmen, Chiasmen, Orgasmen
ex- und impressionistisch vom Impressionstisch,
über Klimax, Antiklimax, CineMax und MediMax.

Tautologien von schwulen Friseuren,
feminine Kadenzen und maskuline Dekadenzen,
habe den Mut dich der Ellipse zu bedienen,
naturalistisch, humanistisch, arglistig.

Romantik und Romankritik,
Metaphern, Epiphern,
inwiefern ist das wichtig.

Die Luft ist schwer und steht,
es steht jemand auf und geht,
und ich wäre am liebsten mitgegangen.

Doch leider saß
ich vorn und las.

Generation Präsentation

Wir kennen uns, kennen uns aus mit der Technik
und brauchen keinen Übersetzer.
Wir wissen um jeden Standpunkt, wissen um unsere
Wirkung und argumentieren auf jeder Seite.
Wir kontrollieren Dokumente, kontrollieren unsere
Gesten und weinen auf der Toilette.
Wir leben mobil, leben beweglich und sind
grenzenlos flexibel.
Wir finden uns zurecht im Terminal, finden eilig
Gesprächspartner und nachts im Hotel blind das Bad.
Wir essen gesund, essen an Bord und sind online,
bis die Anschnallzeichen leuchten.
Wir nutzen die Zeit, nutzen unsere Kontakte und
teilen selektiv, was uns gefällt.
Wir spenden Applaus, spenden für arme Kinder und
erklären das in unserer Steuer.
Wir machen Kompromisse, machen bei Bedarf länger
und tragen die passende Garderobe.
Wir führen Fernbeziehungen, führen Praktikantinnen
und ordnen uns unbemerkt unter.
Wir bilden uns weiter, bilden variabel Meinungen und
achten auf das, was gut aussieht im Lebenslauf.
Wir sind stets erreichbar, sind verfügbar
und verführbar auch.
Wir kommen gut an, ohne jemals anzukommen.

Nachsaison

Nun, Geliebte, bleibt nichts
als ein leerer Stuhl,
ein wildes Meer,
ein trüber Himmel.
An der Promenade
bleiben die Fenster
länger jetzt geschlossen,
stehen sie müde
im Türrahmen,
stellt man die Stühle
immer früher hoch.
Dein Koffer war gepackt.
Der Falter, auch träge
vom Sommer, sitzt matt
auf einer Blume, die welkt.
Du bist gegangen.
Du gehst nicht mehr ran.
Und ein letztes Mal noch
trägt der Himmel rot,
weht es salzig vom Meer,
macht die Sonne Romantik
und schwindet auch
vor der Zeit.

Abschied

Und wenn du gehst, dann vergiss nichts.

Nimm die Jacke, den Schirm und die Tasche,
Schlüssel, Geldbeutel, Telefon,
es bleibt ja immer so viel liegen
und zurück.

Vergiss nicht die Stiefel im Flur
und die Lieder im Ohr,
dein Handtuch im Bad und
die Bilder an der Wand.

Nimm die Bürste aus dem Becher,
die Fotos aus dem Speicher,
die Tage aus dem Buch und
die Schläge aus dem Herz.

Bitte denk' an alle Orte und Worte,
an den Sommer am Meer und die Nächte im Herbst,
an das Pulsklopfen gestern und die Pläne für morgen,
und an die gepflückten Blumen denk' bitte auch.

Wenn du gehst, nimm alles das mit.
Und ich will so tun, als wärst du nie dagewesen.

Abschiedsahnung

Ein flaues Fühlen.
Nicht unbekannt, nicht wissend,
was kommt, und doch wissen,
genau wissen, wer geht.

Ich wusste dich zu schätzen,
und zu lieben auch.

Windwirbel

So wie ein Luftzug, Güterzug, Reisezug
Schmutzstaub und Blütenstaub
freisetzt aus fest gelegten Gleisen,

wirbelt oft und unvermittelt auf,
was sich setzen soll
in Sinn und Seele.

Manches kommt so
ans Licht.

Heimatlos

Gerührt von irgendeinem Geruch beginnst du
dich zu sorgen um das, was verloren geht und dich:

Weil du fließend vier Fremdsprachen sprichst
doch nie gelernt hast einen Dialekt,

weil du Sushi, Lassi und Veganes bereiten kannst,
doch verzweifelst am Sauerbraten,

weil du das richtige Terminal findest und deinen Weg
in Rom, Rio, Riga, jedoch daheim den Löffel nicht,

weil du klarkommst im Club und auf Konferenzen,
doch verloren bist im Garten deiner Eltern,

weil du etwas weißt von Strukturen, Strategien,
Systemtheorien, aber kaum noch etwas von früher,

weil, wenn die Oma nicht mehr ist, niemand mehr
anrufen wird zum Namenstag und erzählen

die alten Geschichten von der Familie, von Schlesien,
vom Glauben und allem, was verloren geht.

Gerührt von irgendeinem Geruch wünschst du dir
einen langen Moment, einmal nicht weiter zu ziehen,

sondern ein Heimatlos.

3.
Botschaften aus Überzeugung

Heim

Dann und wann ist's gut, sich mitten am Tag
zur Ruhe zu setzen, zu einer kurzen,
und zurück zu schauen auf den Weg,
den man gegangen ist.

Du siehst, wo du herkamst,
wo deine Schritte zum ersten zaghaften Mal
eigene Wege fanden.
Und du schaust zurück,
ohne Vorwurf und abstoßende Gesten nach Art
einer Familienaufstellung,
und schaust, was du bekommen hast,
ohne dass es auf deinem Wunschzettel stand
und dir doch gegeben war
unterm Baum, im Alltag und vor Schreck.

Du schaust, was zu dir gehört,
ein Teil von dir, gewollt und ungewollt,
was dir Kraft gibt und Nahrung.
Und du siehst, was du mitschleppst durch's Leben,
was sich festgesetzt hat
in Sack, Speicher, Seele,
unter Herz, Hut und Hirn,
was Ballast wurde mit der Zeit.

Und du stehst auf und du stehst wieder
und du stehst dazu.
Und du gehst weiter deinen Weg
durch deine Lebenslandschaft:
Durch Hohes und Helles, Fettes und Faules,
Knappes und Karges.

Und am Ende, beim letzten Anstieg,
wenn der Berg zu steil und die Kraft zu wenig ist,
wenn dich kaum noch halten Brücken und Krücken,
wirst du ihn kommen sehen,
den Einen.
Der dich stützen wird,
der den Arm um dich legt
und der abschließend sagt:

Komm heim.

Auf dem Weg

Auf halber Höhe rasten und schauen das Zurückgelegte,
auf Bach, Wiese, Klärgrube.

Auf halber Höhe warten und sehen das Kommende,
zu Berg, Turm, Sendemast.

Auf halber Höhe sein, dankend, hoffend
und im Wissen:

Ich gehe nicht allein.

Hin und weg

Und dann hin und dann weg
und ein Weg und kein Ziel
und dann los und dann fort
und dann weiter und weit
und weit weg.

Und ich jette und ich wette
und ich fahre und ich spare,
ich verzehre, ich vermehre,
ich vergesse, ich vermesse
meine Welt, mein Werk, meinen Weg.

Und du bist, wo du bist
und wer du bist
habe ich vergessen.
Wohin soll ich gehen?
Was soll ich tun und lassen
und hinter mir lassen?

Da sind so viele Wege, Wegweiser, Wegkreuzungen.
Wohin soll ich gehen?
Da ist ein Haus am Waldrand, eine Stadt voller Hitze,
ein Berg mit Kreuz.
Bist du hier?
Da sind Massen, Moneten und Menschen,
taschenbepackt und paybackbezahlt.
Bist du dabei?
Einer von uns, eine von hier,
ein Stern, der mir leuchtet
den Weg?

Wer kennt das Ziel
und wie komme ich nur
weg von hier, fort von mir
und wie komme ich hin
mit mir
und wie
auf den Weg
zu dir?

Stau

Statt freie Fahrt und freier Strecke
plötzlich Stillstand:
Nichts geht, nichts geht mehr, ich bin aufgehalten,
ich halte andere auf, ich kann nichts tun
gegen die Blockade und
weiß nicht einmal den Grund.

Dann aber, wenn sich gelöst hat der Stau,
wenn es weiter geht und wenn ich
weiter kann, weiter gehe und weit,
genieße ich das Freie, genieße die Weite
und laufe ungehindert.

Selig

Gedanken zu Mt 5,1-10 zum Tag der Deutschen Einheit am 3.10.2016

Selig.
Wer's glaubt wird selig.
Irgendwann muss ja jeder dran glauben.

Bis dahin aber geschieht Unglaubliches:
Da stürzen Mauern ein und Systeme um,
da kommen Menschen grenzenlos zueinander,
da entsteht aus alten Steinen etwas Neues.

Da fällt Segen aus allen Wolken,
da weht unter einem plötzlich heiteren Himmel ein
frischer Wind das Alte weg.
Da legt sich Segen auf uns –
und auch wir haben uns gelegt, nämlich hin,
und mit uns die Freude
über den Einen, das Eine, die Einheit.

Wir schimpfen über dieses und jenes
und wollen in Frieden gelassen werden.
Friedfertig wie wir sind, sind wir zufrieden und fertig
in unserer Welt.
Was gehen den Friedenstauben die Friedenstauben
an und fremdes Elend.
Und solange man uns in Ruhe lässt und wir kein
Arbeitslos ziehen, ruhen wir sanft
in seligem Schlummer auf samtenem Sofa bis zum
seligen Ende.

Doch mitten im Dösen kommt ein Erlösen.
Da lässt der Eine uns nicht sitzen, sondern macht uns
Beine und bringt uns in Bewegung
zum Soundtrack der Seligkeit:

Für alle Armen, die leiden mit sanftem Mut und großem
Hunger nach Frieden und Recht;
für alle, die nicht satt sind, sondern die es satt haben,
Suppen auszulöffeln, die Andere auf dem Krisenherd
gekocht haben;
für alle, die das Salz in der Suppe sein wollen und,
wenn es sein muss, auch das Haar.

Weil sie barmen nach Herz und verfolgt werden
von der Idee, die Welt besser zu machen;
weil sie schwimmen gegen den Mainstream und
die Meinung der Leute
direkt zur Quelle.

Die haben Schlösser im Himmel, die fallen nicht aus
allen Wolken,
die haben Jesus vor Augen und Geist im Herz
und Gott hat sie selig:

Denn selig sind
die Lebendigen.

Glauben

Nicht gegen die Zeit,
nicht für die Zeit,
in manchem mit der Zeit
und immer in der Zeit,
durch alle Zeiten.

Nicht gegen die Welt,
nicht aus der Welt,
mitunter mit der Welt
und immer in der Welt,
für diese Welt.

Wahrer Wunsch

Was wird, was war,
was werden will:
Wirke wunderbar, Wahrhaftiger!

Und gebrauche dafür
mich auch.

Glaube und Politik

Manchmal bin ich so links wie Jesus und
sorge mich tätig um Nächste und Fremde,
suche Gerechtigkeit und das Schwache, bin
skeptisch gegenüber Reichen und Reichtum.

Manchmal bin ich so rechts wie Jesus und
Traditionen verpflichtet, achte Würde, Werte,
Recht und Ordnung, zeuge Respekt allem Leben
und dem, was Gottes ist und dem Kaiser.

Darum schaue ich meist nach vorn und oben und
orientiere mich an diesem Jesus, links wie rechts,
wie schwer das auch fällt, auf dünnem Eis,
schmalem Grat und schwerem Gelände.

Reformation

Kein unfehlbares Lehramt.
Keiner sagt wie es geht.
Keine sagt Ja und Amen.

Manchmal kann das schwierig sein.

Ich fühle mich leer

heißt es gelegentlich
bei Erschöpfung,
in schwierigen Tagen oder
wenn eine Täuschung endet.

Leere aber birgt freien Raum
für Atem, Licht, gute Gedanken
und für alles, was der Eine in Fülle
neu in uns legen will.

Wüstenzeit

In wüsten Zeiten wie Jesus sich
in die Wüste schicken.

Auf sich gestellt mit dem Nötigsten
das Wichtige schauen.

Mit klarem Geist zurück sein und lassen,
was verführt und versucht.

Zum Beispiel: Wasser

Lebendig und beharrlich
findet es seinen Weg
aus ewiger Quelle

durch das Tal, durch die Zeit,
prägt das Land, kerbt sich ein,
fließt immer und immer und

immer neu und nimmt fort,
was den Lauf stört:
schwere Steine, harte Hölzer, angeschwemmter Abfall.

Steter Tropfen
macht den Weg frei.

Schöpfungssynthese

Ein Stein:
Hart. Kalt. Grau. Fest. Tot.

Und genau dort findet das Moos,
weich, grünend und lebendig,
Platz zum Gedeihen.

Lobpreis

Die Hände. Zum Himmel.
Und lasst uns selig sein, denn:
WIR MACHEN LOBPREIS
mit geschlossenen Lidern,
mit offenen Lippen,
mit allem, was uns gut tut
WIR MACHEN LOBPREIS
mach uns frey, Albert,
wir machen uns frei und richten
uns aus, richten uns auf, denn
WIR MACHEN LOBPREIS
immer mehr und immer höher
und immer näher kommen wir
zu uns und zu ihm
WIR MACHEN LOBPREIS
wir singen um unser Leben,
wir hauchen in höchsten Tönen
König und Löwe und Lamm
WIR MACHEN LOBPREIS
im Kunstnebel können wir
den Nächsten kaum sehen und
selten darüber hinaus
WIR MACHEN LOBPREIS
und schließen ein
die Welt ins Gebet
und belassen sie dort
WIR MACHEN LOBPREIS
als ließe sich sowas machen,
als könne das Leben
nicht Lobpreis sein

Gott sieht alles?

Oder hat er die Augen geschlossen,
weil er nicht mit anschauen kann,
was geschieht durch seine Ebenbilder?
Oder drückt er ein Auge zu und sich weg
und lässt sich blenden von seinem Werk,
denn es war ja sehr gut?
Oder welchen Grund kann es geben,
dass Gott alles sieht und dennoch,
wie's scheint, genügsam zuschaut?

Das Jüngste Gerücht

Wir müssen alle offenbar werden
vor dem Richterstuhl Christi.
Möglich, dass dort tatsächlich die Rede kommt
auf Moral, Sexualität und rechten Glauben.

Viel mehr aber fürchte ich die Frage,
wie ich zulassen konnte manches Leid
auf Erden, bei Nächsten und Übernächsten,

während ich satt, in Frieden und im Trockenen
eins war mit mir und meinem Gott, dankbar strebend
nach verbaler Wirksamkeit.

(2. Kor 5,10)

Seid wachsam

Vielleicht, dass der Tag kommt,
an dem sich Kirchen nicht
allein um ihren Turm drehen,
in Debatten um Strukturen,
Wahrheiten und Wohlfühlfaktoren
für ihre Mitglieder.

Vielleicht, dass der Tag kommt,
an dem kirchliche Arbeit
Einfluss nehmen mag in der Welt
und sich Teilhabe nicht erschöpft
im verbandsinternen Be-sitzen
von Ämtern und Gremien.

Vielleicht, dass der Tag kommt,
an dem weniger wichtig werden
Status, Sein, Selbstpräsentation,
die Suche nach dem besten Preis
und das Streben nach Zuwachs,
Selbstoptimierung und Vorteil.

Vielleicht, dass Jesus darum sagt:
Seid wachsam, denn ihr wisst
weder den Tag noch die Stunde.

Ecce homo

Einer liegt an Jesu Brust,
einer zeigt Haut und haut ab.
Ein anderer gibt ihm einen Kuss
und unterm Kreuz steht der, den Jesus liebt.

Vermutlich ist das alles
ganz anders gemeint,
und doch wage ich zu fragen:
Darf darauf kein Segen liegen?

(Joh 13,23; Mk 14,52; Mt 26,49; Joh 19,26)

Dein Licht

Wenn Nacht um uns wird,
die Laterne erlischt,
die Kerze verbrennt,
und aus ist die Lampe,

so bleibt uns doch
dein ewiges Licht,
das uns leuchtet
von Ewigkeit zu Ewigkeit.

YAD VASHEM

so viele Namen,
so viele Orte,
so viele Geschichten
und es ist nie, nie, nie vorbei

Zum Tragen

Nächstenliebe ist anstrengend:

Zu ertragen und vielleicht sogar
zu tragen die uns Unerträglichen
seelisch, physisch, finanziell,
scheint oft kaum tragbar.

Damit sie aber zum Tragen kommt,
wird sie uns – wie tragisch –
vom Träger allen Lebens
immer neu aufgetragen.

Gegensätze der Einen Welt

Ein begehbarer Kleiderschrank
oder eine Plastiktüte, Netto.
Eine beheizbare Klobrille
oder ein stinkendes Loch,
mit Ratten.
Ein Whirlpool mit Beleuchtung
oder ein Rinnsal, verkeimt.
Ein Menü von fünf Gängen
oder Buchweizen, manchmal.
Ein Soufflé zum Nachtisch
oder nichts, gar nichts.
Eine sechsspurige Straße mit Planken und Lampen
oder ein Schlammweg, endlos.
Ein Tempomat im sechsten Gang
oder ein paar heiße Sohlen, mit Löchern.
Ein Tarifvertrag mit Urlaub, Freizeit und Gehaltsanstieg
oder 12 Stunden, täglich.
Ein Anspruch auf Zahlung bei Krankheit
oder Pech gehabt, sorry.
Eine stufenlos einstellbare Fußbodenheizung
oder eine Decke, verlaust.
Ein Heim mit Carport, Haustürschmuck, Rasenroboter.
Und ein Menschensohn, der nicht weiß, wohin er sein Haupt
legen soll.

Ich teile mit und aus

Ich teile mich mit und teile aus und teile doch nicht meine Teile, also die Kleidung, die mich begleitet wie der Mantel, warum auch, ich mag keine halben Sachen und wüsste auch kaum mit wem und Martin heiße ich auch nicht, heiß aber bin ich auf alles, was sie versprechen, uns, und was da kommen soll, ich sehe es im Netz und mache es dort fest, als wäre es ein Fischernetz oder Einkaufsnetz, wo man sieht den Fang und den Beifang, wo alle sehen, welch großen Fang ich gemacht habe und wie er mich kleidet, gestrickt von heißer Nadel in heißen Ländern für heiße Preise, heiß ist‘s geworden im Sommer und über‘s Jahr, heiß siehst du aus oder dein Auto, das ziemlich viel Platz braucht, Sprit für Spirit, je nach Ge.schlecht oder Konsum.gut, der Status aktualisiert sich mit jedem Kauf, gutgläubig und rechtschaffend, ein Gradmesser für jede Überhitzung, die Klimaanlage kämpft gegen die Klimalage und sonst ist alles gut, solange freitags ab eins jeder Seins machen, der Bierpreis stabil und der Sonntag ein freier Tag bleiben kann, wir sind so frei.

Vor dir

Ich.
Ich darf.
Ich darf sein.
Ich darf sein lassen.

Ich darf Sein sein,
ich darf werden,
es darf
sein.

Beten

Du.
Du bist.
Du bist nah.

Ich.
Ich bin.
Ich bin da.

Ganz.
Ganz einfach,
einfach hier:

Ich in dir. Du in mir.

Advent

Wir zünden Kerzen an,
hören selige Musik
und trinken Glühwein,
man soll ja viel trinken.

Wir sind froh, wenn alles bleibt
wie es ist und beim Alten,
wenn überschaubar sind
Kammer, Kalender, Kontostand.

Der HERR aber! Der HERR kommt
gewaltig und mit ihm die Veränderung.
Es könnte ungemütlich werden
in der Komfortzone.

Weise Weihnacht

Gewiss, die Leute vom Marketing hätten das
besser gemacht:
Schnee würde fallen, so viel, dass niemand fällt,
es wäre kalt, ohne dass jemand friert
und der Himmel wäre klar, voll heller Sterne und
mit Sternschnuppen auch.

Da fragt man sich doch, warum der Allmächtige
das nicht auch so hinbekommt,
zumal es ja FRÜHER IMMER SO WAR.
Dabei macht Gott es nur anders als wir:
Weniger Inszenierung bei gleichbleibender Substanz.

Jahresende

Am Schluss fällt Schnee auf das,
was obenauf ist, und lässt ruhen
unter der Decke, worüber bald
Gras wachsen wird.
Lassen wir es gut sein.

Neujahr

Da liegt es frisch vor uns, das Jahr, gleich
einem unbeschriebenen Blatt,
einem frisch verschneiten Weg,
einem still ruhenden See.

Welche Handschrift geben wir ihm?
Welchen Spuren werden wir folgen?
Welche Wellen werden uns wiegen?

Bald ist es datiert und strukturiert,
formatiert und austariert mit eingetragen Terminen,
eigereichten Urlaubstagen, eingeplanten Möglichkeiten.

Wird Raum sein können für Unmögliches,
Zeit für spontane Freude und Freunde und wird
Gottes Geist wehen zwischen den Zeilen?

Anstatt dem Einen in die Schuhe zu schieben,
was falsch ist und fehlt, legen wir ihr
in die Hände, was kommt.

Tag der Erscheinung

Die Sterndeuter brachten, was ihnen lieb war
und teuer. Vorher hatten die Hirten
ihre Felle abgelegt.

Mancherorts entstand daraus die Tradition,
dass Einheimische Eigenes zur Krippe brachten:
Müller Mehl, Bäcker Brot, Fischer Fisch.

Heute ginge es laut zu im Stall:
Lauter Pädagogin*innen wüssten Bescheid,
was gut sei für's Kind und was die Eltern
zu tun haben und zu lassen.

Es bliebe vermutlich nur die Flucht.

Mit Gott

in den Tag leben,
Gott im Tag erleben,
mit Gott den Tag verleben.

Gottverlassen

Mein Gott, mein Gott,
warum hast du mich verlassen,
schreit der Beter im Psalm
zum stummen Gegenüber.

Mein Gott, mein Gott,
warum hast du mich verlassen,
ruft Jesus laut aus und
scheidet am Kreuz.

Mein Gott, mein Gott,
warum haben wir verlassen
dich?,
fleht heute kaum jemand.

Verlassen ist:
Gott.

(Ps 22,2–3; Mk 15,34.37)

Einer für alle

Jesus schenkt sich
doch verschenkt sich nicht.

Jesus gibt sich
doch vergibt sich nichts.

Jesus fesselt die Leute
und wird gefesselt.

Jesus geht vor uns her
und geht dahin.

Jesus rechnet nicht ab
sondern zahlt die Rechnung

für alle.

Jesus fällt

Und Jesus fällt zum ersten Mal unter dem Kreuz.
Es wurde ihm ein Bein gestellt.

Und Jesus fällt zum zweiten Mal unter dem Kreuz.
Man hatte ihm Steine in den Weg gelegt.

Und Jesus fällt zum dritten Mal unter dem Kreuz.
Andere hatten ihm eine Grube gegraben.

Wer's war? Wer weiß. Wir waschen
unsere Hände in Unschuld,
eine Hand wäscht die andere,
säubern Sie sich etwa anders?

Und überhaupt, das ging bestimmt nicht gegen
ihn persönlich, die Welt ist nun mal so und man hat
ihm ja auch immer wieder auf die Beine geholfen.

Mit dir, Jesus, hat das also nichts im Geringsten zu tun.

Was du nun aber mit den Geringsten zu tun hast,
also den Leuten in Grenz- und Niedriglohnbereichen,
auf Schlacht- und Baumwollfeldern und denen,
die ohne Home und Office sind,
verstehen wir nicht im Geringsten.

Wir jedenfalls haben dir nichts getan.

Und Jesus schweigt

sie lärmen aus dem Bauch heraus,
von der Leber weg und wie ihnen
der Schnabel gewachsen ist

und Jesus schweigt

sie nehmen ihn fest und beim Wort
klagen an, werfen vor, richten ihn
um Kopf und Kragen

und Jesus schweigt

sie verurteilen scharf, sie verschärfen
das Urteil, sie stellen ihn und stellen fest:
Christus

und Jesus sagt: Ich bin's.

An deinem Tisch

Ich bin hungrig. Mit knurrendem Magen,
mit sehnender Seele suche und bitte ich:
Stille den Durst, mache mich satt.
Schenke ein, trage auf und fülle nach
deiner Art.
Was du verlangst, sollst du bekommen.
Wonach sollte ich die Arme strecken,
wohin die Hände greifen,
worunter sollte ich
meine Beine stecken
als unter deinen Tisch.

Das letzte Mahl

Jesus nahm das Brot
Wir haben es satt.
Jesus dankte
Nichts zu danken, selbstverständlich.
Jesus brach das Brot
Brich dir keinen ab.
Jesus teilte aus
Wir teilen auch oft aus.

So treffen sich Verräter und Verleugner,
Zweifelnde und Verzweifelte zum letzten Mahl.
Und der wahre Mensch und wahre Gott
ist mitten unter ihnen.

Abends mal

teilte Jesus sein Brot,
teilt Jesus das Brot,
teilt Jesus sich mit.

Denn weil der Mensch
nicht vom Brot allein lebt,
teilt Jesus weiter aus,

teilt Gedanken und Glauben,
teilt Angst und Ärger
teilt seine Zeit und einen Wunsch:

Dass man bleiben soll,
wachsam, betend
und beieinander.

Wachet und betet

BLEIBET
Anstatt immerfort immer fort
und getrieben zu sein,
einmal da sein im Dasein.

WACHET
Anstatt taubblind betäubt
durch die Tage zu dösen,
einmal schärfen den Sinn und die Sinne.

BETET
Anstatt immer nur an sich
einmal an andere denken
und den, der vollbracht hat
alles.

(Mt 26,41)

Das Kreuz

Stilvoll schlichtes Dekorationselement,
grausames Vollzugsmittel,
Logo christlichen Glaubens.

Da ist der vertikale Balken:
Ein Sinnbild immerwährender Bindung
zwischen Erde und Himmel,
zwischen Gott und Mensch.
Nach oben hin offen, lässt er uns
mit beiden Beinen fest
auf dem Boden bleiben.

Da ist der horizontale Balken:
Als Symbol beständiger Beziehungen
zur Nächsten und zum Übernächsten,
zum da sein im Dasein,
zum Dienst in der Welt
und für diese Welt,
diakonisch auch.

Da ist die Mitte:
Christus selbst.
Durch ihn und
mit ihm und
in ihm

ist alles.

Ostern – damals und mit Corona

… als man das Mahl daheim
feierte nach alter Schrift
… als die Leute ihre Häuser nicht verließen
aus Furcht und Vorsicht
… als sie höchstens zu zweit auf dem Weg waren
zur Höhle, zum Stein, nach Emmaus
… als Etlichen Angst war und Bange vor dem,
was wohl werden wird
… als der Menschen Sohn
nicht berührt werden wollte –

da tritt Einer in unsere Mitte
und sagt zu uns, sagt uns zu:
Fürchtet euch nicht!

Petri Heil

Als der Kleingläubige sah
Wind, Wetter und Wellen, verlor er
Jesus aus dem Blick,
war am Sinken und ward gerettet
durch die Hand Gottes.

Als allerlei Versprechungen,
Verfluchungen, Verleugnungen später
der Hahn zweimal krähte,
suchte Jesus seinen Blick,
und Petrus ist zum Heulen.

Mit diesem seltsamen Heiligen
baut Jesus sein Reich.
Er habe uns damit, sagt er,
ein Beispiel gegeben.

(Lk 22,61; Mt 14,30)

Dein Reich komme

Dein Reich komme.
Wir beten dafür,
wir bitten darum.
Denn wie im Himmel
soll es sein und werden
auch auf Erden.

Um Gottes Willen sei erfüllt
Gottes Wille,
damit reichlich anbrechen kann
ein reiches Reich
und wir aufbrechen um abzubrechen
jeden Krieg und sinnlosen Konflikt.
Wegbrechen dagegen soll aller Hass
und alles, was aggressiv sein lässt
uns und andere.

Gewalt und Gier, Neid und Wut
mögen sein außerhalb jeder Reichweite
für jeden und jede,
denn: Dein Reich komme.
Kein römisches, kein deutsches, kein Reich der Fabeln.
Sondern ein Reich des großen Gottes,
der allmächtigen Geistkraft,
die wir ins Gebet nehmen
wieder und wieder und viel zu selten
beim Wort, das war am Anfang
aller Zeit: Es werde Licht.

Ein Reich, hell, klar und strahlend,
reich an Gutem und Göttlichem,
angereichert mit Liebe und Leben,
mit Herz und Haltung.
Reichweit möge Frieden weiden,
möge dein Reich kommen.
möge unser Leben reich werden
für andere auch und es auf Erden
endlich reichen für alle.
Weil reich und weit jedes Herz sein will;
geist- und gedankenreich,
erfindungs- und einfallsreich
und überreich segensreich sowieso.

Denn so, nur so, geschieht
dein Wille
so auf Erden,
wie du es willst.

Gute Geistgewohnheit

Die Hände falten
statt Daumen drücken
und anpacken
statt Däumchen drehen.

Friedensspurensuche

Sie kennen den Weg des Friedens nicht, und Unrecht ist auf ihren Pfaden. Sie gehen auf krummen Wegen; wer auf ihnen geht, der hat keinen Frieden. (Jes 59,8)

Wir sind auf dem Weg.
Wir gehen miteinander, jeder für sich.
Wir sind auf dem Weg.
Ein Weg, der meistens breit ist, bequem und leicht.
Wir sind auf dem Weg.
Selbst wenn es ein Holzweg ist, ist er uns gut,
solang er schützt vor Schlamm und Nässe,
vorm Stolpern und vor Fallen.

Doch unser Weg ist ein harter Weg.
Zwar ist die Fläche glatt und gut eingefahren,
darunter aber ist einiges faul, da modert und stinkt es
und immer öfter bringen Beben eine falsch berechnete
Statik ins Wanken.

Denn unser Weg ist steinig.
Nicht für uns, sondern für Andere,
die da schuften für wenig Lohn, wenig Achtung, für uns.
Doch krumme Dinger machen immer die Anderen,
die da drüben, die da unten, die da oben.
Denn es sind immer die Anderen,
die gehen auf krummen Wegen,
die sind auf der schiefen Bahn;
Waffenexporte und Arbeitsplätze,
Machterhalt und Kampfeinsätze,
faule Kredite und Spekulationen
mit Nahrung, Wasser und Gesundheit.

Wir hingegen sind zufrieden,
wenn wir die Kurve kriegen,
ohne aus der Bahn geschleudert zu werden,
wenn wir etwas auf den Weg bringen,
ohne uns dabei im Weg zu stehen.
Doch auf welchen Pfaden wandeln wir,
welcher Spur folgen wir, welche Wege ebnen wir
wenn es brennt, wenn es knallt, wenn wir schauen
die Abendnachrichten?

Wir sind auf dem Weg, Gott.
Wir wissen oft nicht weiter.
Wir wissen oft nicht wohin
mit uns und allen Fragen und Ängsten.
Wir sind ratlos zu ändern, was zu ändern nötig ist.

Darum, Gott, dürfen wir bitten,
darum bitten wir dich:
Lass uns verlassen den dornigen Pfad,
den ausgetretenen Weg, die falsche Spur.
Mach' dass die Richtung stimmt,
gib uns Vertrauen in neue Wege und,
wenn's sein muss, verschlungene Pfade.
Bringe uns auf die Spur,
lass uns dir auf die Spur kommen,
lass uns dich spüren und
lass uns Spuren hinterlassen,
die keine Blutspuren sind.

Darum, großer Gott:
Lass uns gehen auf dem Weg des Friedens.
Auf dass wir in dessen Fußstapfen wandeln,
der uns vorangeht und der sich nennt
der Friedefürst.

Vor uns die Sintflut

Und die Taube kam um die Abendzeit und
sie hatte einen frischen Ölzweig in ihrem Schnabel.
Da merkte Noah, dass die Wasser sich verlaufen
hatten auf Erden. (Gen 8,12)

Ein gutes Zeichen: Noahs Taube bringt den Ölzweig.

Und du?
Bist du die Taube auf dem Dach,
ein schimpfender Rohrspatz
oder ein Zaunkönig, der Streit vom Zaun bricht?

Du kannst dich aufplustern.
Du kannst dich allen und allem in den Weg stellen,
mit Grimm und spitzem Schnabel.
Du kannst dich unbeliebt machen und anderen
das Leben schwer.
Du kannst den Zweig zum Drohen nutzen,
ihn an der Nase herumführen und damit kitzeln.
Du kannst dir das Recht herausnehmen,
im Recht zu sein und zu haben alles, was recht ist.

Manchmal musst du das sogar.
Weil du überzeugt bist.
Weil du nicht anders kannst.
Weil du nicht sagen willst: Nach uns die Sintflut.
Und schon gar nicht so leben.
Sondern das Gegenteil.

Weil es gut ist und richtig vor Gott, den Menschen
und deinem Gewissen:
Die Welt zu gestalten, die nicht allein Herrschenden
und Geldschöpfenden gehört.
Der Einsatz für die, die links oder rechts liegen bleiben
und dort sitzen gelassen werden.
Das Sehnen nach dem, was Menschen zu allen Zeiten
zum Leben brauchen.
Frieden, zum Beispiel.
Frieden mit Gott, mit Menschen, mit sich selbst,
Frieden zwischen Völkern und Familien, Nachbarn
und Nationen, mir und dir.

Damit der Tag lebenswert sein kann,
damit sich nachts ruhig schlafen lässt,
damit groß werden können die Kinder und alles Gute.

Ein gutes Zeichen: Noahs Taube bringt den Ölzweig.
Nun kann sie den Schnabel halten.
Weil die Luft rein ist,
weil kein getrübtes Wasser bis zum Hals steht,
weil Gott seinen Frieden gemacht hat mit der Welt
und seinen Leuten.

Vor uns war die Sintflut.
Möge sie weder durch noch nach uns sein.

Jesu Rede

Natürlich kann er gut reden, der Herr Jesus,
er hat ja auch gut reden,
er hat schließlich nichts auszustehen
und auch nichts zu verlieren,
denn er hat ja kaum etwas und
kümmern muss er sich auch
um nichts und niemand,
von wegen Frau, Familie, Finanzen.
Selbst zu gewinnen gibt es nichts für ihn,
er hat ja schon alles, selbst
das Reich Gottes ist ihm sicher
bei *dem* Vater.

Also kann er gut unterwegs sein
auf seinen Wegen durch Land und Leben,
und kommen und gehen wie er will
und bleiben auch, denn wenn es ihm gefällt
bleibt er einfach über Nacht bei fremden Leuten,
er ist einfach da wie ein Dieb in der Nacht und sagt:
Heute muss ich bei dir zu Gast sein.
Als würde das überhaupt nicht stören
unseren Alltag und die Geschäfte.

Klar, das ist gut, was er sagt,
interessant und klug und
man müsste es ernst nehmen,
spannende Perspektivwechsel sind das, sicher,
da ist schon was dran, aber:
Hast du mal überlegt, wie das gehen soll?

Wer sorgt sich denn dann um die Kinder,
wenn wir alles liegen lassen und stehen und
einfach mitgehen?
Wer begräbt dann den toten Vater,
wer nimmt die geplanten Termine wahr
und wer macht die Arbeit?

Und wie sollen wir plötzlich alles verändern,
wenn du kommst – wir haben das so gelernt,
Auge um Auge, Zahn um Zahn,
wer soll denn da ohne Schuld sein?

Also, Exot, Fremder, Sonderling,
lass uns besser in unserer Ruhe.
Lass uns unsere Dinge tun
und alles seinen Gang gehen.
Bleib' wo du bist oder
geh' mit Gott oder zu ihm hin.
Nimm's uns nicht übel,
doch du passt hier nicht.
Du passt uns nicht,
du passt uns nicht in den Kram,
in den Alltag und überhaupt.

Franziskanische Weisheit

Wache Augen,
die mehr sehen als das, was sie schon immer gesehen,
gewusst, gesagt haben
und neu entdecken, was Gott dient und
seinen Menschen.

Freie Hände,
die abgeben, was sie geschafft, gerafft, gehalten haben,
um geben zu können und auszuteilen
nach Jesu Art.

Weite Füße,
die verlassen können hausratversichertes Wohneigentum
und sich führen lassen, Schritt für Schritt,
ins Ungewisse,

dem Einen zu.

Leerstelle Kirche

Erst wenn die letzte Messe gesungen,
der letzte Glockenton verklungen,
das letzte Pfarrhaus unbewohnt,

erst wenn keine Predigt die Moral abkanzelt,
die Orgel auf keinem Loch mehr pfeift
und die Kirche im Dorf Ruine ist oder Museum,

könnten auch Atheisten merken,
dass irgendwie doch etwas fehlt.
Und alle Freifrommen, dass das
in alten Fabriken und neuen Kinos
ganz ähnlich ist.

Gut

Die vergänglichen Güter so zu gebrauchen,
dass wir die ewigen nicht verlieren.

Kirche mit Sinnen

Sehen
von Weitem den Turm,
der Orientierung gibt
und dem Ort Charakter

Hören
den Klang der Glocken
und was die Stunde
geschlagen hat

Riechen
die Luft, zeitlos und kühl,
überall ähnlich und anders
nach Konfession

Schmecken
was gegeben wird
zur Vergebung,
karg, und

Fühlen:
Gott.